はじめに

　本書は、税理士試験「財務諸表論」の"効率的"な　　　　　　なうための問題集です。模範解答を単に覚えることなく、問題集を "読む"ことで合格する力が付くよう工夫しました。会計学が出題の対象となる日本商工会議所主催の簿記検定1級や公認会計士試験の学習にも役立つよう配慮しています。

　理論は考え方の"つながり"です。一つ一つの考え方を理解し、これを他とつなげていくのが理論の学習といえます。模範解答を覚えることが理論の学習ではありません。それで試験に対応できるならよいのですが、長文の解答例を覚える戦略は、学習効率も悪く、得点につながらず、応用的な出題には対処できません。そもそも実際の本試験にあらかじめ解答が想定できる問題が出題されているわけではありません。様々な切り口の問題に対応する必要があります。

　理論という武器を手に入れるための本書の特徴は、次の三つです。
　一つ目は、問題自体が"小さい"ことです。本当に必要なのは重要部分の本質的な理解であって、厳密な文章ではないからです。その分、やや厳密さを欠く部分はあるかもしれません。しかし、それが入り口のハードルを下げ、特に初学者や理論が苦手な方の学習を大いに進めてくれるでしょう。
　二つ目は、重要論点を"繰り返し"、そのつながりに配慮しながら出題している点です。このことで自ずと何が重要論点を知ることができ、そのことが試験でも大いに役立ちます。本試験でも重要な論点が繰り返し、姿を変えて出題されています。
　三つ目は、問題集の中で"徐々に"肉付けができるよう工夫した点にあります。異なる形式の問題を異なるアプローチで解くことで自然と理解が深まるとともに、本試験での応用的な出題にも対応できます。この問題集を繰り返すことで合格に必要な体系的な理論学習を行なうことができます。

　新しい収益認識に関する包括的な会計基準である「収益認識に関する会計基準」の創設による改訂を中心とした修正を加え、第2版としました。
　本書によって多くの受験生が財務諸表論の理論を得意科目にして科目合格を勝ち取らんことを祈念しています。

穂坂　治宏

本書の特徴

〈本書の構成〉

問題番号	形　式	内　容
問題１、問題５	穴埋め問題	超重要論点のまとめ
問題２、問題６	○×問題	細かい論点、間違いやすい論点の確認
問題３、問題７	短答問題	全論点の短いまとめ
問題４、問題８	総合問題	本試験にもっとも近い形式

穴埋問題

テーマごとの重要論点に関する穴埋問題です。穴埋問題を解くことで簡素なテキストを繰り返し読むのと同様の効果が得られます。また、解答には文章ごとにタイトルが付してあります。穴埋めの次の段階として、タイトルを想像し、更にはそのタイトルから当初の文章の復元（７割程度）が図れればそのまま直前での答練の問題として利用できます。

○×問題

やや細かい知識や間違いやすい論点を出題しています。かなり細かい知識も出題しているので、必ずしも記述で対応できる必要はありません。

問題 1

財務諸表論の基礎

☆☆☆

次の文章の空欄に適切な語句を記入し、各文章にタイトルを付しなさい。

１．財務報告の目的は、投資家の（　①　）に資するためにディスクロージャー（開示）制度の一環として投資のポジションと（　②　）を測定して開示することにある。会計情報に求められる最も基本的な特性を意思決定有用性という。

２．投資のポジションを示す貸借対照表の構成要素には、資産、負債、純資産及び株主資本がある。資産とは報告主体が支配している（　③　）をいい、（　④　）とは（　④　）の獲得に貢献する便益の源泉をいう。負債とは報告主体が支配する（　③　）を引き渡す（　⑤　）をいう。純資産とは資産と負債の（　⑥　）をいい、このうち株主に帰属する部分を（　⑦　）という。

３．投資の成果を示す損益計算書の最終値である（　⑧　）は、純資産の変動額のうち当期にリスクから解放された投資の成果である。投資のリスクからの解放とは、投資にあたって期待された（　②　）が事実として（　⑨　）することをいい、投資がリスクから解放された時点で純利益が認識される。

問題 2

財務諸表論の基礎

☆

次の文章の正否を○×で示し、×の場合はその理由を述べること。

１．投資のポジションは貸借対照表により、投資の成果は損益計算書により示されるが、資産負債アプローチをとる概念フレームワークでより重視されるのはこのうち貸借対照表で示される投資のポジションである。

２．概念フレームワークでは主要な情報の利用者を証券市場で活動する「投資家」とし、投資判断に必要な情報の開示を財務報告の目的としている。そこでは、企業成果の予想と企業価値の評価に資する情報の開示が想定されている。

３．概念フレームワークでは、資産の本質をキャッシュの獲得への貢献と考えているのであるから、換金価値を有していない項目に資産性はない。

４．投資のリスクとは、投資の成果の不確定性を意味し、投資の成果が確定した段階で企業が行った投資はリスクから解放され、純利益が認識される。

5

〈簡単な学習スケジュール〉

標　　　準	速　　習	内　　　　容
9月～12月	2月～3月	問1、2、4（5、6、8）⇒　問3、7
1月～4月	4月～5月	上記＋問1と問5の文章のタイトルを考える
5月～7月	6月～7月	上記＋問1と問5のタイトルから文章を考える

〈その他の効果的な使い方〉

・できをメモ（○×等）しておき、できの悪い問題だけを解いてみましょう。
・同形式の問題だけを解いてみましょう。
・各問の解説には、実際の会計基準等（企業会計原則、概念フレームワークなど）
　についても示している箇所があります。併せて参照していただくと効果的な
　学習となります。

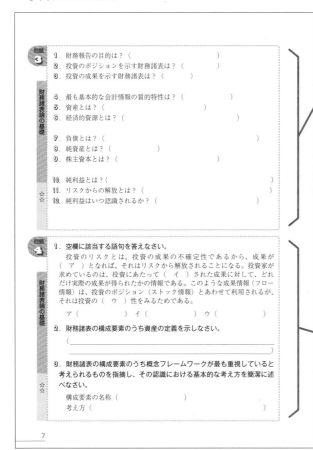

短答問題

　1行を目途に"まとめ"を問題にしました。極端に短くすることを目指したため、やや表現が足りない部分があるかもしれませんが、まずは短くても基本的な考え方を優先してください。特に初期段階では、解答としての文章を読む感じで接しましょう。

総合問題

他の3つの形式よりもやや本試験に近い出題です。試験的に重要な論点を応用的な出題を含めて出題しています。本試験は量も多く、複雑ですが、この延長に本試験があることを想像しやすくする意味でも有益です。

本書理論音声をWEBでお聴きになるには

❶ ネットスクールホームページ［読者の方へ］にアクセス

または、

https://www.net-school.co.jp/special/3744/

QRコードまたはURLからアクセスをされる方は **❹** へ

❷ 税理士試験　簿記論・財務諸表論をご選択ください。

❸ 本書画像横にある購入者特典をご選択ください。

❹ 特設ページへのリンクをクリックし、移動先の特設ページにてパスワードをご入力ください。

パスワード
3744sain

❺ 画面にしたがい、ご希望のコンテンツをお聴きください。

※通信に必要な端末のご準備、通信料は読者の方のご負担となります。
※諸事情により、予告なくコンテンツの変更や配信の中止の措置をとる場合があります。あらかじめご了承下さい。なお、サービス終了の際には、事前に特設サイトにてご案内致します。

いつでもどこでも財務諸表論の理論対策ができる

デジタルドリルアプリ「ノウン」のご案内

iOS、Android 端末対応

980 円

受験生応援価格！

特長1　アプリで気軽に問題演習

書籍を持ち歩かなくても手軽に○×問題や空欄補充問題の確認が可能です。
一旦ダウンロードしておけば、コンテンツはお手持ちの端末に保存されるので、通信料を心配する必要もありません。

特長2　暗記カードで重要な定義をどこでも確認

「暗記カード」機能では、いわゆる単語帳のように重要な用語とその意義を手軽に確認、暗記していくことができます。

特長3　ドリルアプリだからこそできる便利機能

答えと思うボタンを押したり、語句を入力したりすれば正解・不正解を自動判定してるので、本で問題演習をするときのように、「別の問題の答えが見えてしまった！」といったことなく、どんどんと問題演習ができます。

〔選択画面〕

〔ドリルモード〕

〔暗記モード〕

※ 画像は開発中のものです。

まずは1ヵ月間利用できる無料お試し版（サンプル）をお試しください！

利用方法

① 「ノウン」のアプリをインストールします。（左下の QR コードをご利用下さい。）

② マイページで「ノウン」の会員 ID を登録してください。

③ 下記アクティベーションコードを入力すると、お試し版のダウンロードが始まります。（無料）

アクティベーションコード：net9-7847-8103-7448

もっと利用したいという場合のご購入手続きについて

④アプリ内での製品版をお買い求めください。簡単なご購入手続きにより、即ご利用いただけます。 詳しくは、お試し版に付属している利用案内等もご確認下さい。

アプリのダウンロード はこちらから

▼ iOS 版▼

▼ Android 版▼

※ アプリやデータのダウンロードに要する通信料はお客様のご負担となります。

※ ご購入されたコンテンツは、購入後3年間は再ダウンロード可能です。ただし、本書の改訂や会計基準の改正・改廃等を含む予期せぬ事情により、予告なく販売並びに再ダウンロードサービスを終了する場合がございます。あらかじめご了承ください。

※ ノウンは NTT アドバンステクノロジ株式会社が提供するサービスです。

※ ノウンは NTT アドバンステクノロジ株式会社の登録商標です。

※ 為替相場の変動等の要因により販売価格が変更となる場合がございます。

目 次

Chapter 1 財務諸表論の基礎

1-1 財務会計の意義と機能　★☆☆

　企業外部者に対する会計を財務会計という。

　財務会計の機能には、投資者への情報提供機能と株主と債権者の間などにおける利害調整機能がある。

1-2 財務報告の目的　★☆☆

　財務報告の目的は、投資者の意思決定に役立つため、財務諸表により投資のポジションと成果を測定して開示することである。

1-3 会計情報の質的特性　★☆☆

　会計情報に求められる最も基本的な特性を意思決定有用性という。

　意思決定有用性を直接支える特性に意思決定との関連性と信頼性がある。

　意思決定有用性の一般的制約となる特性に内的整合性と**比較可能性**がある。

　比較の視点には時系列比較と企業間比較がある。

　試験で直接問われにくいですが重要です。ただし、抽象的でわかりにくいのでじっくり取り組みましょう。

1-4 貸借対照表とその構成要素の定義 ★★☆

貸借対照表は、一定時点の財政状態や投資のポジションを示す財務諸表である。

資産とは、報告主体が支配している経済的資源をいう。

経済的資源とは、キャッシュの獲得に貢献する便益の源泉をいう。

負債とは、報告主体が支配している経済的資源を引き渡す義務をいう。

資産と負債の差額を純資産といい、このうち株主に帰属する部分を株主資本という。

1-5 損益計算書等とその構成要素の定義 ★☆☆

損益計算書は、企業の経営成績や投資の成果を示す財務諸表である。

包括利益とは、純資産の変動額をいい、このうちリスクから解放された投資の成果を純利益という。

収益とは、純利益の増加項目、費用とは、純利益の減少項目をいい、それぞれリスクから解放された部分に限られる。

1-6 損益計算の意味と方法 ★★☆

損益計算は、投資額である費用と回収額である収益の差引計算である。

純利益は、投資額の回収余剰である。

純利益の計算方法には、損益法と財産法がある。

損益法は、収益から費用を控除して利益を計算する方法である。

財産法は、期末財産から期首財産を控除して利益を計算する方法である。

損益法は利益の発生原因を明らかにできるが、財産法は利益の発生原因を明らかにできない。

1-7　投資のリスクからの解放 ★★★

　認識とは純利益（収益－費用）をいつ計上するか、測定とはいくら計上するかである。

　投資のリスクは投資の成果の不確定性を意味し、企業が行う投資がリスクから解放された時点で純利益を認識する。

　投資のリスクからの解放とは、投資にあたって期待された成果が事実として確定することをいう。

認識と測定の意味の違いに注意しましょう。

1-8　事業投資と金融投資 ★★★

　企業が行う投資はその目的により事業投資と金融投資に区別される。

　事業投資とは、事業活動での販売や使用によるキャッシュの獲得を目的とした投資をいう。

　金融投資とは、時価の変動による利益の獲得を目的とした投資をいう。

1-9　事業投資と金融投資の会計処理 ★★★

　事業投資は、通常、取得原価で評価し、これを各期に費用配分する。

　金融投資は、時価で評価し、評価差額を当期の損益とする。

コラム

●財務諸表論の出題傾向と対策●

財務諸表論はどんな問題がでるのか？

　税理士試験は、すべての科目が2時間で行われます。財務諸表論は、25点の理論問題が2題と50点の計算問題が1題出題されます。理論問題は学者が出題し、計算問題は実務家が出題します。

　簿記論は、すべてが計算であり、財務諸表論との大きな違いは理論があるかどうかです。おおむね簿記論では、帳簿を含む数字の算出が問われ、財務諸表論では財務諸表での表示が問われます。簿記論と財務諸表論で出題される内容にはかなりの重複があり、同時ないしは前後での受験が望まれます。

理論はどんな形式で出題されるか？

　理論の出題形式には、穴埋問題、語群選択問題、択一問題、正誤問題、記述問題などがあります。いずれかの形式に偏らないように本試験では工夫を凝らした様々な形式による出題がなされています。本書では、多様な出題形式に対応できるように様々な形式での出題を行っています。

出題形式の特徴

　本書は穴埋問題（問題1と5）、正誤問題（問題2と6）、短答問題（問題3と7）、総合問題（問題4と8）から構成されています。それぞれの特徴を考えておきましょう。

　穴埋問題は、よく出題される会計基準で使用される用語に慣れる意味があります。しかも、問題の文章は、財務諸表論の核となる部分の記述であるため、穴埋問題を解くことで論点のポイントを把握することができます。

　正誤問題は、実際の出題も多く、解答が手軽にできるという特徴があり、そのような論点にあらかじめ触れることが重要です。ただし、その形式から解答が容易なため、やや細かい知識が問われることが多くなることから必ずしもこだわり過ぎないことも大切です。

　記述問題に対処するには、文章力が必要になりますが、その下になるキーワード等を短答式問題で鍛えることができます。

　疑似的な本試験の出題を意図したのが総合問題ですが、出題形式は本試験と同様に多様です。

　様々な出題形式の問題を解いて、本試験に備えましょう。

問題 1

財務諸表論の基礎

次の文章の空欄に適切な語句を記入し、各文章にタイトルを付しなさい。

1. 財務報告の目的は、投資家の（　①　）に資するためにディスクロージャー（開示）制度の一環として投資のポジションと（　②　）を測定して開示することにある。会計情報に求められる最も基本的な特性を意思決定有用性という。

2. 投資のポジションを示す貸借対照表の構成要素には、資産、負債、純資産及び株主資本がある。資産とは報告主体が支配している（　③　）をいい、（　③　）とは（　④　）の獲得に貢献する便益の源泉をいう。負債とは報告主体が支配している（　③　）を引き渡す（　⑤　）をいう。純資産とは資産と負債の（　⑥　）をいい、このうち株主に帰属する部分を（　⑦　）という。

3. 投資の成果を示す損益計算書の最終値である（　⑧　）は、純資産の変動額のうち当期にリスクから解放された投資の成果である。投資のリスクからの解放とは、投資にあたって期待された（　②　）が事実として（　⑨　）することをいい、投資がリスクから解放された時点で純利益が認識される。

☆☆☆

問題 2

財務諸表論の基礎

次の文章の正否を○×で示し、×の場合はその理由を述べること。

1. 投資のポジションは貸借対照表により、投資の成果は損益計算書により示されるが、資産負債アプローチをとる概念フレームワークでより重視されるのはこのうち貸借対照表で示される投資のポジションである。

2. 概念フレームワークでは主要な情報の利用者を証券市場で活動する「投資家」とし、投資判断に必要な情報の開示を財務報告の目的としている。そこでは、企業成果の予想と企業価値の評価に資する情報の開示が想定されている。

3. 概念フレームワークでは、資産の本質をキャッシュの獲得への貢献と考えているのであるから、換金価値を有していない項目に資産性はない。

4. 投資のリスクとは、投資の成果の不確定性を意味し、投資の成果が確定した段階で企業が行った投資はリスクから解放され、純利益が認識される。

☆

解答
1

1．財務報告の目的と会計情報の基本的な特性
①意思決定　②成果
☞解説：企業活動の報告の意味を持つ会計には、財務会計（株主等に対する会計）と
管理会計（経営者に対する会計）があります。財務会計は簿記を含み、財務
報告は簿記を含みません。概念フレームワーク第1章2、第2章1。

2．貸借対照表の構成要素と定義
③経済的資源　④キャッシュ　⑤義務　⑥差額　⑦株主資本
☞解説：概念フレームワーク第3章4～7、（2）

3．純利益の定義とリスクからの解放
⑧純利益（当期純利益）　⑨確定
☞解説：概念フレームワークにおける純利益（収益－費用）の認識に関する基本的な
考え方がリスクからの解放です。純利益の認識は、資産や負債の評価（測定）
にも影響を与えるため、重要です。概念フレームワーク第4章57参照。

穴埋め

短答

1

解答
2

1．×（理由：概念フレームワークで重視するのは投資の成果を示す損益
計算書である。）
☞基準：概念フレームワーク第1章3

2．○
☞基準：概念フレームワーク第1章序文参照

3．×（理由：概念フレームワークでは、換金価値（売却価値）がなくて
もキャッシュの獲得に貢献するのであれば資産性を有する。）
☞基準：概念フレームワーク第3章4、（2）

4．○
☞基準：概念フレームワーク第3章23、第4章57

○
×

総
合

1. 財務報告の目的は？（　　　　　　　　　　　）
2. 投資のポジションを示す財務諸表は？（　　　　　　　　）
3. 投資の成果を示す財務諸表は？（　　　　　　）

4. 最も基本的な会計情報の質的特性は？（　　　　　　）
5. 資産とは？（　　　　　　　　　　　　　　）
6. 経済的資源とは？（　　　　　　　　　　　　　）

7. 負債とは？（　　　　　　　　　　　　　　　　　）
8. 純資産とは？（　　　　　　　）
9. 株主資本とは？（　　　　　　　　　　　）

10. 純利益とは？（　　　　　　　　　　　　　　　　）
☆
☆
11. リスクからの解放とは？（　　　　　　　　　　　　）
12. 純利益はいつ認識されるか？（　　　　　　　　　　）

1. 空欄に該当する語句を答えなさい。

　投資のリスクとは、投資の成果の不確定性であるから、成果が
（　ア　）となれば、それはリスクから解放されることになる。投資家が
求めているのは、投資にあたって（　イ　）された成果に対して、どれ
だけ実際の成果が得られたかの情報である。このような成果情報（フロー
情報）は、投資のポジション（ストック情報）とあわせて利用されるが、
それは投資の（　ウ　）性をみるためである。

　　ア（　　　　　　　　）イ（　　　　　　　）ウ（　　　　　　）

2. 財務諸表の構成要素のうち資産の定義を示しなさい。

　　（＿＿＿＿＿＿＿＿＿＿＿＿＿＿＿＿＿＿＿＿＿＿＿＿＿＿＿＿＿
　　＿＿＿＿＿＿＿＿＿＿＿＿＿＿＿＿＿＿＿＿＿＿＿＿＿＿＿＿＿＿）

3. 財務諸表の構成要素のうち概念フレームワークが最も重視していると
考えられるものを指摘し、その認識における基本的な考え方を簡潔に述
べなさい。

☆
☆
　　構成要素の名称（　　　　　　　　　　）
　　考え方（　　　　　　　　　　　　　　　　　　　　　）

1. 財務報告の目的は？（投資のポジションと成果の開示）
2. 投資のポジションを示す財務諸表は？（貸借対照表）
3. 投資の成果を示す財務諸表は？（損益計算書）

4. 最も基本的な会計情報の質的特性は？（意思決定有用性）
5. 資産とは？（報告主体が支配している経済的資源）
6. 経済的資源とは？（キャッシュの獲得に貢献する便益の源泉）

7. 負債とは？（報告主体が支配している経済的資源を引き渡す義務）
8. 純資産とは？（資産と負債の差額）
9. 株主資本とは？（純資産のうち株主に帰属する部分）

10. 純利益とは？（純資産の変動額のうちリスクから解放された投資の成果）
11. リスクからの解放とは？（期待された成果が事実として確定すること）
12. 純利益はいつ認識されるか？（投資がリスクから解放された時点）

解答 **3**

穴埋め

短答 **1**

---

1. ア（事実）　イ（期待）　ウ（効率）

　☞解説：概念フレームワーク第3章23

2. （資産とは、過去の取引または事象の結果として報告主体が支配している経済的資源である。）

　☞解説：概念フレームワーク第3章4。概念フレームワークでは構成要素の定義を資産と負債からはじめています（資産負債アプローチ）。なお、これは資産と負債が構成要素の中で最も重要なためではなく、資産・負債がより具体的でわかりやすく、定義がしやすい等の理由によります。概念フレームワーク第3章18参照。

3. 構成要素の名称（純利益）

　考え方（企業が行う投資がリスクから解放された時点で認識する。）

　☞解説：概念フレームワークで最も重視している財務諸表の構成要素は純利益です（1．の問題文参照）。概念フレームワークでは、財務諸表の構成要素のうち純利益を一義的に配慮し、純利益計算を重視している点に注意して下さい。概念フレームワーク第1章3、第3章19参照。

解答 **4**

○×

総合

次の文章の空欄に適切な語句を記入し、各文章にタイトルを付しなさい。

1. 会計情報に求められる最も基本的な質的特性を意思決定有用性という。意思決定有用性を直接支える特性に意思決定との関連性と（　①　）性があり、意思決定有用性の一般的制約となる特性に内的整合性と（　②　）性がある。なお、一般的な比較の視点には時系列比較と（　③　）比較がある。

2. 企業が行う投資は、その事前の期待の相違から（　④　）と（　⑤　）に区別される。（　④　）は、時価の変動を期待した投資であり、金融資産は、時価で評価し、評価差額を当期の損益とする。（　⑤　）は、使用や販売によるキャッシュの獲得を期待した投資であり、事業用資産は、通常、（　⑥　）で評価する。

3. 事業用資産の（　⑥　）は、当期の費用と次期以降の費用に（　⑦　）される＜費用配分の原則＞。当期に経済価値の（　⑧　）があり＜発生主義＞、また当期の実現収益に（　⑨　）する部分が当期の費用として認識される＜費用収益対応の原則＞。

次の文章の正否を○×で示し、×の場合はその理由を述べること。

1. 財務報告の目的は、投資家の意思決定に資することにあるから、企業経営者はでき得る限り企業価値を予測し、これを開示することが望ましい。

2. 会計情報に求められる最も基本的な特性が意思決定有用性である。意思決定有用性を直接支える特性に意思決定との関連性と内的整合性があり、意思決定有用性の一般的制約となる特性に信頼性と比較可能性がある。

3. 企業が保有する資産は、その外形の相違から金融資産と事業用資産に区別される。金融資産は時価で評価し、評価差額が当期の損益とされるのに対して、事業用資産は一般に取得原価で評価される。

4. 事業用資産の取得原価を当期の費用と次期以降の費用、つまり資産に配分する手続が費用配分である。費用配分の原則は、資産の取得原価の適正な期間配分を求める原則であり、その態様は資産の種類により異なっている。

1. 会計情報の質的特性

①信頼　②比較可能　③企業間

☞解説：最も基本的な会計情報の質的特性が意思決定有用性であり、これを支える特性に意思決定との関連性と信頼性があります。この他にいわば下限を示す特性として一般的制約としての内的整合性と比較可能性があります。概念フレームワーク第2章1、2参照。

2. 投資の種類と資産の評価

④金融投資　⑤事業投資　⑥取得原価

☞解説：概念フレームワーク第4章44、45、57、58

3. 事業投資における費用の認識

⑦配分　⑧費消　⑨対応

☞解説：概念フレームワーク第4章52、企業会計原則 第二 一 A、第三 五

解答
5

穴埋め

短答

1

---

1. ×（理由：企業価値を予測するのは投資家であり、経営者ではない。）

☞基準：概念フレームワーク第1章8

2. ×（理由：信頼性と内的整合性が逆である。）

☞基準：概念フレームワーク第2章1、2

3. ×（理由：資産を区別するのは、外形ではなく期待（目的）の違いによる。）

☞基準：概念フレームワーク第4章57

4. ○

☞基準：概念フレームワーク第4章52

☞解説：過去支出（取得原価）の適正な費用配分を指示するのが費用配分の原則です。なお、広義には収入も含めた収支の期間配分と捉える見方もあります。

解答
6

○×

総合

財務諸表論の基礎

1．意思決定有用性を支える特性は？（　　　　　　　　）（　　　　）
2．意思決定有用性の一般的制約となる特性は？（　　　　　）（　　　　　）
3．比較可能性における比較の視点は？（　　　　　）（　　　　　）

4．財務諸表の構成要素のうち他から独立して定義されているものは？
　　（　　　　　）（　　　　　）
5．財務諸表の構成要素のうち最も重視されるものは？（　　　　）
6．財務諸表の構成要素のうち重視されるものは？（　　　　）（　　　　）

7．認識と測定とは？（　　　　）（　　　　）
8．金融投資とは？（　　　　　　　　　　　　）
9．金融資産の評価は？（　　　　）
10．事業投資とは？（　　　　　　　　　　　　　　　　　）
☆
11．事業用資産の評価は？（　　　　　）
☆
12．費用配分とは？（　　　　　　　　　　　　　）
13．費用の発生とは？（　　　　　　　　）

財務諸表論の基礎

1．空欄に該当する語句を答えなさい。
　　企業が行う投資は、その事前の期待の相違から金融投資と事業投資とに区別され、投資の成果たる純利益の認識も投資の種類に応じて異なっている。
　　時価の変動を目的とする金融投資では、（　ア　）そのものが純利益を認識する契機となるのに対して、使用や販売によるキャッシュの獲得を目的とする事業投資における純利益の認識は、通常、（　イ　）により確認される。
　　ア（　　　　　　　　　）イ（　　　　　　　　）

2．次の項目を金融投資と事業投資に区別し、それぞれ番号で示しなさい。
　　①売買目的有価証券　　②通常の販売目的で保有する棚卸資産
　　③有形固定資産　　　　④トレーディング目的で保有する棚卸資産
　　⑤デリバティブ取引により生じる正味の債権債務　　⑥子会社株式
　　金融投資（　　　　　　　）　事業投資（　　　　　　　）

☆
☆
3．金融投資と事業投資における一般的な資産の測定値を指摘しなさい。
　　金融投資（　　　　　　　　　　　）　事業投資（　　　　　　　　　　　）

解答 7

1．意思決定有用性を支える特性は？（意思決定との関連性）（信頼性）
2．意思決定有用性の一般的制約となる特性は？（内的整合性）（比較可能性）
3．比較可能性における比較の視点は？（時系列比較）（企業間比較）

4．財務諸表の構成要素のうち他から独立して定義されているものは？
（資産）（負債）
5．財務諸表の構成要素のうち最も重視されるものは？（純利益）
6．財務諸表の構成要素のうち重視されるものは？（純利益）（株主資本）

7．認識と測定とは？（いつ）（いくら）
8．金融投資とは？（時価の変動を期待した投資）
9．金融資産の評価は？（時価）
10．事業投資とは？（使用や販売によるキャッシュの獲得を期待した投資）
11．事業用資産の評価は？（取得原価）
12．費用配分とは？（事業用資産の取得原価を費用と資産に配分すること）
13．費用の発生とは？（経済価値の費消）

解答 8

1．ア（時価の変動）　イ（キャッシュの獲得）
　☞解説：概念フレームワーク第4章44、45

2．金融投資（　①、④、⑤　）　事業投資（　②、③、⑥　）
　☞解説：典型的な金融投資には、売買目的有価証券、デリバティブ取引により生じる
　　　　　正味の債権及び債務、トレーディング目的で保有する棚卸資産があります。

3．金融投資（時価）※市場価格　事業投資（取得原価）※原価
　☞解説：金融資産は時価で評価し、評価差額は当期の損益とします。事業用資産の取
　　　　　得原価は、費用配分の原則により各期に費用として配分されます。

＜金融投資と事業投資＞

目的＼外形	金融資産	事業用資産
金融投資	売買目的有価証券	トレーディング目的で保有する棚卸資産
事業投資	子会社・関連会社株式	固定資産・販売目的で保有する棚卸資産

Chapter 2　一般原則

2-1　会計公準　★☆☆

　会計公準とは、企業会計の基礎的な前提である。

　企業実体の公準とは、独立した会計単位を設ける前提である。

　継続企業の公準とは、継続企業の仮定の下に期間計算を行う前提である。

　貨幣的評価の公準とは、会計を貨幣額で行う前提である。

2-2　真実性の原則　★★☆

　企業会計は、企業の財政状態及び経営成績に関して、真実な報告を提供するものでなければならない。

　今日の会計では、複数の処理が容認され、見積りが介入するため、絶対的真実ではなく、相対的真実が要求される。

　他の会計原則に従うことで真実性の原則における真実な報告ができる。

伝統的な会計基準である企業会計原則の一般原則を中心に学習していきます。

2-3　正規の簿記の原則　★☆☆

　企業会計は、すべての取引につき、正規の簿記の原則に従って、正確な会計帳簿を作成しなければならない。

　正規の簿記の原則にいう正規の簿記の要件には、網羅性、検証性、秩序性がある。

　網羅性とは、すべての取引を記録することをいう。

　検証性とは、検証可能に記録することをいう。

　秩序性とは、秩序正しく記録することをいう。

2-4　資本と利益区別の原則　★★★

　資本取引と損益取引とを明瞭に区別し、特に資本剰余金と利益剰余金とを混同してはならない。

　資本と利益区別の原則は、取引区別の原則と剰余金区分の原則からなる。

　取引区別の原則は、株主との直接的取引である資本取引と株主資本の利用による損益取引を区別することで、適正な期間損益計算を行うことを要請する。

　剰余金区分の原則は、維持拘束性がある払込資本としての資本剰余金と処分可能性がある留保利益としての利益剰余金を区分することで、正しい財政状態を示すことを要求する。

2-5　明瞭性の原則　★☆☆

　企業会計は、財務諸表によって、利害関係者に対し必要な会計事実を明瞭に表示し、企業の状況に関する判断を誤らせないようにしなければならない。

2-6　会計方針と後発事象　★★☆

　会計方針とは、会計処理の原則及び手続をいう。

　後発事象とは、貸借対照表日後に発生した事象で次期以後の財政状態及び経営成績に影響を与えるものをいう。

2-7　継続性の原則　★★☆

　企業会計は、その処理の原則及び手続を毎期継続して適用し、みだりにこれを変更してはならない。

　継続性の原則により、利益操作を排除し、財務諸表の期間比較性を確保できる。

　継続性の変更の本質は、認められた会計処理の間での合理的な方法への変更にあり、みだりに変更することはできない。

2-8　保守主義の原則・単一性の原則　★☆☆

　企業の財政に不利な影響を及ぼす可能性がある場合には、これに備えて適当に健全な会計処理をしなければならない。

　株主総会提出のため、信用目的のため、租税目的のため等種々の目的のために異なる形式の財務諸表を作成する必要がある場合、それらの内容は、信頼しうる会計記録に基づいて作成されたものであって、政策の考慮のために事実の真実な表示をゆがめてはならない。

2-9　重要性の原則　★☆☆

　重要性の原則は、科目や金額の重要性が乏しい項目に対する簡便な処理を容認する。

　重要性の原則の適用による簿外資産や簿外負債は認められるが、架空資産や架空負債は認められない。

コラム

●暗記ＶＳ理解●

どちらが大事か

　学習にとって暗記と理解のどちらが大事かはよく議論になります。結論的には、どちらか一方のみが大事なのではなく、どちらも重要です。覚えるべきことを無視して、理解だけでこなしているようではかえって時間がかかります。かといって理解すべきことを覚えているだけでは応用問題に歯が立たないということになりかねません。

　会計学を扱う財務諸表論については、理解をしないことの弊害がむしろ大きいかもしれません。

税理士試験の学習期間

　短期的な効率と長期的な効率は異なります。１日や２日だけ記憶が持てばいいのと１年後にも覚えている必要があるのとでは事情が異なるのです。税理士試験は１科目でも１年程度の長丁場であり、全ての科目を学習し終えるには長期間を要します。短期的な記憶だけに頼っていてこなせるわけではありません。専門用語などは覚えるしかありませんし、専門用語に近い言い回しも数多く存在します。このような専門用語や言い回しに慣れる必要があるのです。

　理解と暗記は実は車の両輪のようなもので、自分の苦手な方を少し引き上げるのが効果は高いといえそうです。

出題傾向との関係

　本試験における出題傾向にも目を向ける必要があります。本試験での出題にいわゆるベタ書（〜について述べなさい。）が多ければ、あらかじめ想定された解答を用意しておくことも有効でしょう。しかし、本試験で応用問題が多いのにベタ書の解答を用意しておくだけでは解答できませんし、きっちりした文章をただ覚えるだけでは、かえって応用に弱くなってしまうことにもなりかねません。どのような学習を行うかは、本試験の出題傾向に大きく左右されます。

　財務諸表論の出題は、必ずしもベタ書タイプの出題が多いわけではなく、応用問題の出題が多くなっています。理論の応用問題の解答に必要なのは、基礎的な知識の深い理解であり、ただの模範解答の暗記に陥らないように注意しましょう。

次の文章の空欄に適切な語句を記入し、各文章にタイトルを付しなさい。

1. 真実性の原則とは、企業の（ ① ）と（ ② ）に関する真実な報告を要求する原則であり、ここでの真実性は（ ③ ）を意味する。

2. 正規の簿記の原則とは、正確な（ ④ ）の作成と誘導法による財務諸表の作成を要請する原則である。正規の簿記の要件には、（ ⑤ ）＜すべての取引を記録すること＞、（ ⑥ ）＜客観的証拠により記録すること＞、（ ⑦ ）＜秩序正しく記録すること＞がある。

3. 資本取引は株主との間での（ ⑧ ）の直接的増減取引をいい、損益取引は資本の運用取引であり、間接的な資本の増減をもたらす。両者の区別は期間損益計算の適正化のために不可欠である。各々の取引から生ずる剰余金を資本剰余金、利益剰余金といい、両者を（ ⑨ ）してはならない。

4. 財務諸表の明瞭な表示を要求する（ ⑩ ）原則が明瞭性の原則である。明瞭表示のためには、財務諸表を適正に作成し、会計方針等の開示を要する。

☆
☆
☆

次の文章の正否を○×で示し、×の場合はその理由を述べること。

1. 会計処理方法の選択は経営者の判断に委ねられており、仮に経営者が異なることにより、会計処理の結果として算定された期間利益が異なるとしても、その事実によって真実性の原則に反するとはいえない。

2. 正規の簿記の原則は、網羅性、検証性及び秩序性という要件を充足した会計帳簿の作成を要求する原則であるから、財務諸表の作成手続に影響を及ぼすことはない。

3. 企業会計原則において、損益取引はすべてが利益剰余金の増減に関する取引であり、資本取引はそのすべてが資本剰余金の増減に関する取引である。

4. 後発事象とは、貸借対照表日後に発生した事象で、当期の財政状態および経営成績に影響を及ぼすものをいい、そのうち重要なものは財務諸表に注記しなければならない。

☆

解答 1

1．**真実性の原則の意義と真実性の意味**
　　①財政状態　②経営成績　③相対的真実性

2．**正規の簿記の原則の意義と正規の簿記の要件**
　　④会計帳簿　⑤網羅性　⑥検証性　⑦秩序性

3．**資本取引・損益取引区別の原則と剰余金区分の原則**
　　⑧期首株主資本　⑨混同

4．**明瞭性の原則の意義**
　　⑩報告（表示）
　　☞基準：企業会計原則 第一 一～四

穴埋め

短答

2

解答 2

1．○

2．×（理由：正規の簿記の原則は、誘導法による財務諸表の作成も要求
　　　　　　しているため財務諸表の作成手続に影響を及ぼす。）

3．×（理由：たとえば資本取引である増資取引により払込資本の全額を
　　　　　　資本金とすれば、資本剰余金は生じない。）
　　☞基準：企業会計原則 注2（1）

4．×（理由：当期⇒次期以後）
　　☞基準：企業会計原則 注1－3

○×

総合

1. 真実性の原則における真実は？（　　　　　　）
2. 相対的真実とならざるを得ない理由は？
   ①（　　　　　　　　　　）②（　　　　　　）

3. 正規の簿記の要件は？（　　　）（　　　）（　　　）
4. 正規の簿記の原則が求める財務諸表の作成方法は？（　　　）

5. 資本取引とは？（　　　　　　　　　　　　　　　）
6. 損益取引とは？（　　　　　　　　　　　　　　）
7. 資本取引と損益取引の区別が必要な理由は？（　　　　　）

8. 会計方針とは？（　　　　　　　　　　）
9. 会計方針の具体例を１つ示せ。（　　　　　　　　　）
☆☆ 10. 後発事象とは？（　　　　　　　　　　　）
11. 後発事象の開示が必要な理由は？（　　　　　　　）
12. 財務諸表の修正を要する後発事象の名称は？（　　　　）

　「①資本取引と損益取引とを明瞭に区別し、特に②資本剰余金と利益剰余金とを混同してはならない。」

1. 下線部①と②の「資本」の意味を簡潔に指摘しなさい。

   ①（　　　　　　）②（　　　　）

2. 次の取引を①資本取引、②損益取引、③それ以外の取引に区別しなさい。
   ア　現金による増資　イ　商品の掛けによる売上　ウ　借入金元本の返済
   エ　新株発行費用の支払い　オ　自己株式の処分
   ①（　　　）②（　　　）③（　　　）

3. 資本剰余金を利益剰余金と混同してはならない理由を述べなさい。

   （_____

   _____）

☆☆

解答
3

穴埋め

短答

2

1．真実性の原則における真実は？（相対的真実）
2．相対的真実とならざるを得ない理由は？
　①（複数の会計処理の存在）②（見積りの介入）

3．正規の簿記の要件は？（網羅性）（検証性）（秩序性）
4．正規の簿記の原則が求める財務諸表の作成方法は？（誘導法）

5．資本取引とは？（株主との直接的取引）
6．損益取引とは？（株主資本の利用による間接的増減取引）
7．資本取引と損益取引の区別が必要な理由は？（適正な期間損益計算のため）

8．会計方針とは？（会計処理の原則及び手続）
9．会計方針の具体例を1つ示せ。（有価証券の評価基準及び評価方法）
10．後発事象とは？（貸借対照表日後に発生した重要な事象）
11．後発事象の開示が必要な理由は？（補足情報として有用なため）
12．財務諸表の修正を要する後発事象の名称は？（修正後発事象）

解答
4

○×

総合

1．①（期首株主資本）②（払込資本）
　☞解説：適正な期間損益計算を行うには資本取引の影響を損益計算から排除する必要があります。純利益は、一定期間の株主資本の変動額（資本取引による以外）であり、この場合に想定される資本は、期首株主資本を意味します。企業会計原則 注2（1）。

2．①（ア、オ）②（イ、エ）③（　ウ　）
　☞解説：企業会計原則 第一 三、注2（1）

3．（資本剰余金には維持拘束性があり、利益剰余金には処分可能性があるため両者は明確に区別しなければならない。）
　☞解説：株主が拠出した資本（払込資本）と企業が稼得した利益（留保利益）との区別を要求するのが剰余金の区別です。もとでとしての払込資本には維持拘束性があり、もうけとしての留保利益には処分可能性があり、この両者を明確に区別する必要があります。

次の文章の空欄に適切な語句を記入し、各文章にタイトルを付しなさい。

1. 継続性の原則とは、会計処理の（ ① ）の継続適用を要求する原則である。この原則が適用されるのは、一つの会計事実に対して複数の会計処理の（ ① ）が認められる場合であり、問題となるのは、一般に公正妥当と認められた方法間での変更を行う場合である。継続性の原則は、財務諸表の（ ② ）の可能性を確保し、経営者の（ ③ ）を排除することをその目的とする。なお、継続性の変更が認められるのは、合理的な変更、すなわち（ ④ ）がある場合に限られる。

2. 保守主義の原則とは、企業の財政に不利な影響を及ぼす可能性がある場合の（ ⑤ ）な会計処理を要求する原則である。

3. 単一性の原則とは、財務諸表の（ ⑥ ）、（ ⑦ ）を要請する原則である。

4. 重要性の原則とは、重要性の乏しい項目に対する（ ⑧ ）な処理を容認した原則であり、重要性の判断は、（ ⑨ ）と（ ⑩ ）の重要性で行われる。

☆
☆☆
☆

次の文章の正否を○×で示し、×の場合はその理由を述べること。

1. 会計公準とは、企業会計の基礎的な前提をいい、企業実体の公準、継続企業の公準、貨幣的評価の公準がある。

2. 企業はいったん採用した会計処理の原則や手続をみだりに変更することはできないが、認められない会計処理の原則や手続が採用されている場合は、継続性の原則の要請によりその原則や手続を変更しなければならない。

3. 真実性の原則における「相対的真実性」を支えるために、継続性の原則が守られる必要があるが、この原則は、合理的な会計処理を前提としているため、継続性の原則によれば、認められていない方法から認められる方法への変更が要請される。

4. 保守主義の原則は、適切な範囲において計上される利益を少なめに計上することを要請しているのであるから、いわゆる逆粉飾も適度であれば認められることになる。

☆

解答 5

1. 継続性の原則の意義と継続性の変更
   ①原則及び手続　②期間比較　③利益操作　④正当な理由

2. 保守主義の原則の意義
   ⑤健全

3. 単一性の原則の要請内容
   ⑥実質一元　⑦形式多元

4. 重要性の原則の意味と重要性の判断基準
   ⑧簡便　⑨科目　⑩金額

☞解説：企業会計原則 第一 五～七、注1、3、4

解答 6

1. ○

2. ×（理由：認められていない処理からの変更は当然の変更であり、継続性の原則の問題には該当しない。）

3. ×（理由：認められていない処理から認められた処理への変更は当然の変更であり、継続性の原則の問題ではない。）

4. ×（理由：逆粉飾（利益の過少計上）はいかなる場合でも認められない。）

穴埋め

短答

2

○×

総合

1．継続性の原則の前提は？（　　　　　　　　　　　　）
2．継続性の原則での正当な理由の具体例は？（　　　　　　　　　　　　）
3．継続性の原則の必要性は？（　　　　　　　　　）（　　　　　　　　）
4．正当な理由による変更の前提は？（　　　　　　　　　　　）
5．正当な理由による変更の本質は？（　　　　　　　　　　）

6．保守主義とは？（　　　　　　　　　　　　　　　　　）
7．保守主義の原則の限度は？（　　　　　　　　　　　）
8．保守主義的な会計処理の例を1つ示せ。（　　　　　　　）

9．単一性の原則にいう財務諸表の作成目的は？
　①（　　　　　　　　）②（　　　　　）③（　　　　　）
10．単一性の原則の要請内容は？（　　　　　）（　　　　　）

☆☆
11．重要性の判断基準は？①（　　　　　　　）②（　　　　　　　）
12．重要性の原則の適用例を1つ示せ。（　　　　　　　　　　　）

1．空欄に該当する語句を答えなさい。
　企業会計は、（　ア　）及び（　イ　）を毎期継続して適用し、（　ウ　）これを変更してはならない。
　　ア（　　　　　　　）　イ（　　　　　　　）　ウ（　　　　　　　）

2．企業会計上、認められた会計処理の原則や手続（以下「○」とする）と認められない会計処理の原則や手続（以下「×」とする）の間での変更の組み合わせとしては次の4つが考えられます。
　　①○→×　　②○→○　　③×→○　　④×→×
　　上記のうち、その変更が認められる事がある組み合わせと継続性の原則の適用対象となる組み合わせを番号で指摘しなさい（複数回答可）。
　　認められるもの（　　　　　　）　継続性の原則の適用（　　　　）

3．継続性の原則が要請される理由を2つ示しなさい。なお、企業会計原則に掲げられているものを先に示すこと。
☆☆☆
　　（　　　　　　　　　）（　　　　　　　　　）

解答
7

１．継続性の原則の前提は？（複数の会計処理の存在）

２．継続性の原則での正当な理由の具体例は？（貨幣価値の著しい変動等）

３．継続性の原則の必要性は？（期間比較性の確保）（利益操作の排除）

４．正当な理由による変更の前提は？（認められた方法間の変更）

５．正当な理由による変更の本質は？（より合理的な方法への変更）

６．保守主義とは？（費用の早期・収益の慎重な計上を要請する会計思考）

７．保守主義の原則の限度は？（認められた方法であること）

８．保守主義的な会計処理の例を１つ示せ。（部分純資産直入法）

９．単一性の原則にいう財務諸表の作成目的は？
　　①（株主総会提出目的）②（信用目的）③（租税目的）

10．単一性の原則の要請内容は？　（実質一元）（形式多元）

11．重要性の判断基準は？①（科目の重要性）②（金額の重要性）

12．重要性の原則の適用例を１つ示せ。（貯蔵品の買入時費用処理等）

解答
8

１．ア（その処理の原則）　イ（手続）　ウ（みだりに）
　☞解説：企業会計原則 第一 五

２．認められるもの（　②、③　）　継続性の原則の適用（　②　）
　☞解説：継続性の原則の適用が問題となるのは認められる会計処理の原則及び手続の
　　　　　間における変更です。企業会計原則 注3参照。

３．（期間比較の可能性の確保）（利益操作の排除）
　☞解説：企業会計原則 注3

Chapter 3 資産と負債

3-1 投資のポジションと資産・負債概念 ★★★

　貸借対照表は、一定時点の投資のポジションを示す財務諸表である。

　資産とは、過去の取引または事象の結果として報告主体が支配している経済的資源をいう。

　経済的資源とは、キャッシュの獲得に貢献する便益の源泉をいう。

　負債とは、過去の取引または事象の結果として報告主体が支配している経済的資源を引き渡す義務をいう。

3-2 静態論と動態論 ★★☆

　静態論は、債権者保護を目的とし、支払能力の表示を重視するため、財産計算に主眼が置かれ、資産は換金価値を有する財産に限定される。

　動態論は、投資者保護を目的とし、収益力の表示を重視するため、損益計算に主眼が置かれ、資産は損益計算を行う上での未解消の借方項目である。

3-3 収益費用アプローチと資産負債アプローチ ★★★

　収益と費用を重視し、両者の差額で純利益を算定する考え方を収益費用アプローチという。

　収益費用アプローチは、収益力の把握を重視する。

　資産と負債を重視し、両者の差額である純資産の変動額で包括利益を計算する考え方を資産負債アプローチという。

　資産負債アプローチは、企業価値の把握を重視する。

　貸借対照表に収容される資産と負債の基本的な考え方をみていきましょう。

3-4　取得原価基準　★★★

　資産を取得原価で評価する考え方を取得原価基準という。

　取得原価基準は、回収余剰計算としての損益計算を可能にし、未実現利益を排除するため実現主義と整合的である。

　取得原価基準は、客観性・確実性に優れ、受託責任（会計責任）の明示に役立つ。

　物価変動時には資産の評価額が時価とかけ離れ、同一価格水準での損益計算ができず、特に物価上昇時には損益計算に保有利益が混入し、名目資本の維持しかできない。

3-5　費用配分の原則の意義　★★★

　費用配分の原則とは、費用性資産の取得原価を当期の費用と資産とに配分すべき考え方をいう。

　費用配分の原則には、費用の測定原則の意味がある。

3-6　時価主義と割引価値　★★☆

　時価主義とは、資産を時価で評価する考え方をいう。

　時価主義によると市場がない場合に恣意性が介入しやすく、未実現利益が計上される。

　割引価値とは、資産から生ずる将来キャッシュ・フローを現在価値に割り引いた金額である。

　割引価値は、キャッシュの獲得への貢献という資産の本質に即しているが、将来キャッシュ・フローの測定と割引率の選択に不確実性がある。

次の文章の空欄に適切な語句を記入し、**各文章にタイトルを付しなさい。**

資産と負債

1. 静態論における資産の本質は、（ ① ）にあり、動態論では資産を支出（ ② ）項目等とみる。これに対して、概念フレームワークでは、報告主体が支配している（ ③ ）、すなわち（ ④ ）に貢献する便益の源泉と捉えている。

2. 事業用資産は、損益計算との関連から（ ⑤ ）と（ ⑥ ）に区別される。（ ⑤ ）とは、将来現金化が予定される資産をいい、将来費用化が予定される資産が（ ⑥ ）である。（ ⑤ ）の評価は（ ⑦ ）を基礎とし、（ ⑥ ）の評価は（ ⑧ ）を基礎とする。

3. （ ⑥ ）の取得原価を基礎として貸借対照表価額を決定する考え方を（ ⑨ ）基準という。（ ⑨ ）基準では、取得原価を基礎に資産を計上するため評価益が計上されず、収益の認識基準としての（ ⑩ ）と整合的である。費用性資産の取得原価は、（ ⑪ ）の原則により、当期の費用と次期以降の費用、すなわち資産に配分される。

☆
☆☆
☆

次の文章の正否を○×で示し、×の場合はその理由を述べること。

資産と負債

1. 資産を「過去の取引または事象の結果として報告主体が支配している経済的資源」と定義し、経済的資源を「キャッシュの獲得に貢献する便益の源泉」とすれば、資産に特定の測定値が選択されるわけではないとする見解があるが、一方で将来キャッシュ・フローの割引現在価値が最も整合的とする見解もある。

2. 企業資本の循環過程において投下した資本のうちすでに回収済みか、現在回収過程や投下待機過程にある資産を貨幣性資産と定義し、投下された状態で将来費用となる資産を費用性資産と定義すれば、すべての資産はいずれかの資産に区分される。

3. 取得原価基準は、これまで検証可能性や実行可能性に優れ、受託責任の遂行という目的に適合し、処分可能利益を算定する上でも好ましいものとして制度会計上の原則的な資産評価の基準として採用されてきた。

☆

1．資産概念の変遷

①売却価値（換金価値）　②未費用　③経済的資源　④キャッシュの獲得

☞基準：概念フレームワーク第3章4

2．事業用資産の評価上の分類

⑤貨幣性資産　⑥費用性資産　⑦収入額　⑧支出額

☞解説：費用性資産を非貨幣性資産として分類する場合もありますが、**3**．で費用配分に言及しているため⑥は費用性資産になります。

3．取得原価基準と費用配分の原則

⑨取得原価　⑩実現主義　⑪費用配分

☞基準：企業会計原則 第三 五、概念フレームワーク第4章52

解答1

1．○

☞解説：理論的には、割引現在価値が適するとする考え方もありますが、現行制度では、一義的な測定値はとられず、いわゆる混合測定が行われています。

☞基準：概念フレームワーク第4章53

2．×（理由：たとえば土地や関係会社株式は、回収もしなければ費用化もしないので貨幣性資産と費用性資産のいずれにも該当しない。）

3．○

解答2

1．静態論の資産とは？（　　　　　　　　　　　）

2．動態論の資産とは？（　　　　　　　　）

3．概念フレームワークの資産とは？（　　　　　　　　　　　　　）

4．経済的資源とは？（　　　　　　　　　　　　　　　　）

5．事業投資に係る資産を損益計算との関係から2つに分類せよ。
　①（　　　　　　）②（　　　　　　　　）

6．貨幣性資産の評価額は？（　　　　　　　　　）

7．原価主義とは？（　　　　　　　　　　　　　　　）

8．原価主義の根拠は？
　①（　　　　　　　）②（　　　　　　　　　　　）③（　　　　　　　　）

9．原価主義と整合的な収益の認識基準は？（　　　　　　）

☆
☆ 10．原価主義の資産評価面での欠点は？（　　　　　　　　　　　）

11．原価主義の損益計算面での欠点は？
　（　　　　　　　　　　　　　　　　）

1．空欄に該当する語句を答えなさい。

　貸借対照表に記載する資産の価額は、原則として、当該資産の（①）を基礎として計上しなければならない。資産の（①）は、資産の種類に応じた費用配分の原則によって、各事業年度に（②）しなければならない。
　①（　　　　　　　）②（　　　　　　）

2．取得原価主義と整合的な収益の認識基準を指摘しなさい。
　（　　　　　　　　）

3．費用配分の原則は、（①）の（②）を（③）と（④）に配分する考え方を意味する。空欄に該当する語句を下記の語群から符号で選びなさい。

　語群：（ア）取得原価、（イ）債権金額、（ウ）当期の費用、（エ）資産、（オ）負債、
　　　　（カ）資本、（キ）貨幣性資産、（ク）費用性資産、（ケ）非貨幣性資産
　①（　　　）②（　　　）③（　　　）④（　　　）

☆
☆
☆

１．静態論の資産とは？（売却価値がある財産）※換金価値
２．動態論の資産とは？（前払の費用）※支出未費用、将来の収益力要因等
３．概念フレームワークの資産とは？（報告主体が支配している経済的資源）
４．経済的資源とは？（キャッシュの獲得に貢献する便益の源泉）

５．事業投資に係る資産を損益計算との関係から２つに分類せよ。
　①（貨幣性資産）②（費用性資産）
６．貨幣性資産の評価額は？（回収可能価額）

７．原価主義とは？（資産を取得原価で評価する考え方）
８．原価主義の根拠は？
　①（処分可能利益の算定）②（検証性・実行可能性）③（受託責任の遂行）
９．原価主義と整合的な収益の認識基準は？（実現主義）
１０．原価主義の資産評価面での欠点は？（資産評価額が時価と乖離する）
１１．原価主義の損益計算面での欠点は？
（同一価格水準の損益計算ができない）

解答3

穴埋め

短答

3

１．①（取得原価）②（　配分　）

☞解説：企業会計原則 第三 五

２．（実現主義）

☞解説：仮に100円で取得した有価証券の時価が110円になっても、当初の購入金額（取得原価）100円で評価し続ければ、利益は計上されません。

　　　（借）有価証券　100　（貸）現金預金　100

有価証券を時価で評価し直した場合には利益が計上されます。

　　　（借）有価証券　10　（貸）評 価 益　10

取得原価での評価を続ける限り利益は認識されず、取得原価主義は、評価益（未実現利益）を計上しない資産評価の基準として実現主義と整合的です。

３．①（　ク　）②（　ア　）③（　ウ　）④（　エ　）

☞解説：費用配分の原則については、これを過去支出（取得原価）の費用配分にとらわれない考え方もあります。また、最広義では、収入と支出の収益や費用としての配分を意味することもあります。なお、企業会計原則 第二 一A参照。

解答4

総合

次の文章の空欄に適切な語句を記入し、**各文章にタイトルを付しなさい。**

1. 資本維持には、（ ① ）、実質資本維持、実体資本維持があるが、取得原価主義のもとでは（ ① ）しか果たすことができない。

2. 資産の測定値には、過去の購買市場の価格に基づく（ ② ）、現在の購買市場の価格に基づく（ ③ ）、現在の売却市場の価格に基づく（ ④ ）、将来の売却市場の価格に基づく（ ⑤ ）がある。

3. 静態論では、負債は法的な（ ⑥ ）に限定されるが、動態論での負債は将来の支出要因を意味し、必ずしも法的な（ ⑥ ）に限定されない。

次の文章の正否を○×で示し、×の場合はその理由を述べること。

1. 資本維持には、名目資本維持、実質資本維持、実体資本維持があるが、取得原価主義のもとでは名目資本維持しか果たすことができない。

2. 資産を「債務弁済手段」と定義する見解に基づけば、負債は「法的債務」と定義され、修繕引当金は負債に含まれる。

3. 現行制度上、負債として計上が認められるのは、法的確定債務、期間損益計算の見地より計上される引当金及び経過勘定項目に限定される。

1．資本維持の種類
　①名目資本維持

2．資産の測定値の種類
　②取得原価　③再調達原価　④正味売却価額　⑤割引現在価値

3．静態論と動態論の下での負債概念
　⑥確定債務

1．○

2．×（理由：修繕引当金には債務性がなく、負債には該当しない。）

3．×（理由：リース債務なども負債として計上が認められる。）
　☞解説：ファイナンス・リース取引におけるリース料の支払義務は法的債務であるが、リース債務は法的確定債務ではない。ただし、リース債務は負債として計上が認められます。

資産と負債

1．取得原価主義で維持される資本は？（　　　　　）

2．一般物価の変動を加味した資本維持における資本は？（　　　　　）

3．個別物価の変動を加味した資本維持における資本は？（　　　　　）

4．過去の購買市場の価格に基づく測定値は？（　　　　　）

5．現在の購買市場の価格に基づく測定値は？（　　　　　）

6．現在の売却市場の価格に基づく測定値は？（　　　　　）

7．将来の売却市場の価格に基づく測定値は？（　　　　　）

8．静態論の負債とは？（　　　　　）

9．動態論の負債とは？（　　　　　）

10．概念フレームワークでの負債とは？（　　　　　）

☆☆

資産と負債

1．概念フレームワークの資産の定義に即した測定値を指摘しなさい。

（　　　　　　　　　　　　　　　　　　　　　　　　）

2．通常の販売目的で保有する棚卸資産の期末における次の測定値のうち物価上昇時における金額が小さい順に示しなさい。

　①取得原価　②正味売却価額　③再調達原価

　（　　　⇒　　　⇒　　　）

3．次に掲げる負債を㋐貨幣性負債、㋑収益性負債に区別し、記号で示しなさい。

　①借入金　②前受金　③買掛金　④未払金　⑤前受収益

　①（　　　）②（　　　）③（　　　）④（　　　）⑤（　　　）

☆☆

解答
7

1. 取得原価主義で維持される資本は？（名目資本）
2. 一般物価の変動を加味した資本維持における資本は？（実質資本）
3. 個別物価の変動を加味した資本維持における資本は？（実体資本）

4. 過去の購買市場の価格に基づく測定値は？（取得原価）
5. 現在の購買市場の価格に基づく測定値は？（再調達原価）
6. 現在の売却市場の価格に基づく測定値は？（正味売却価額）
7. 将来の売却市場の価格に基づく測定値は？（割引現在価値）

8. 静態論の負債とは？（法的な確定債務）
9. 動態論の負債とは？（将来の支出要因）
10. 概念フレームワークでの負債とは？（経済的資源を引き渡す義務）

解答
8

1. （将来キャッシュ・フローの割引現在価値）
　☞解説：将来キャッシュ・フローの割引現在価値による評価を行うべきであるという
　　　　意味ではなく、理論的には整合性を有する考え方があるという点に注意しま
　　　　しょう。概念フレームワーク第3章4、（2）参照。

2. （　①⇒③⇒②　）

3. ①（ア）②（イ）③（ア）④（ア）⑤（イ）

Chapter 4　表示原則

4-1　貸借対照表完全性の原則と総額主義の原則　★★☆

　貸借対照表完全性の原則とは、貸借対照表において、すべての資産、負債及び純資産の記載を要求する原則である。

　重要性の原則の適用による簿外資産や簿外負債は、正規の簿記の原則に従った処理として認められるが、架空資産や架空負債は認められない。

　総額主義の原則とは、資産と負債及び純資産の相殺を禁ずる考え方をいい、企業の財政規模を示す。

4-2　貸借対照表の表示区分と配列方法　★★☆

　貸借対照表は、資産の部、負債の部及び純資産の部に区分する。

　貸借対照表項目の配列方法には、企業の財務流動性を示す流動性配列法と企業の財務健全性を示す固定性配列法がある。

　流動性配列法が原則であるが、業種により固定性配列法も採用される。

　資産は流動資産と固定資産に区分され、その区分基準には、正常営業循環基準と1年基準がある。

基本的な財務諸表である貸借対照表と損益計算書の表示原則について学習していきます。

4-3　損益計算書の本質と総額主義の原則　★★☆

　損益計算書は、企業の経営成績を明らかにするため、一会計期間の収益とこれに対応する費用を一覧にし、当期純利益を示す財務諸表である。

　損益計算書の総額主義は、収益と費用の相殺を禁じる考え方であり、企業の取引規模を明らかにできる。

　総額主義の例外には、純売上高の表示、為替差損益の純額表示、売買目的有価証券評価・売却損益の純額表示等がある。

4-4　損益計算書の区分と区分利益　★★☆

　企業会計原則では、損益計算書を、営業損益計算、経常損益計算、純損益計算に区分する。

　それぞれの区分利益が本業での営業収益力を示す営業利益、経常収益力を示す経常利益、収益力を示す当期純利益である。

4-5　包括主義と当期業績主義　★★☆

　包括主義は、期間外損益も損益計算書に示す考え方であり、長期的収益力を示す。

　当期業績主義は、期間損益のみを損益計算書に示す考え方であり、経常収益力を示す。

　現行は包括主義によるが、当期業績主義的利益である経常利益も区分利益に表示する。

4-6　費用収益対応表示の原則　★★★

　費用収益対応表示の原則とは、費用と収益を対応させて損益計算書に表示すべきことを要求する原則である。

　費用と収益の対応形態には、生産物を媒介にした個別的対応と期間を媒介にした期間的対応がある。

　営業外損益や特別損益項目の対応は取引の同質的対応という。

次の文章の空欄に適切な語句を記入し、各文章にタイトルを付しなさい。

1. 貸借対照表は、企業の（　①　）ないし（　②　）を示す財務諸表であり、貸借対照表日におけるすべての資産、負債及び純資産の貸借対照表への記載を要求した原則を（　③　）という。

2. 貸借対照表における総額主義の原則は、資産と負債又は純資産との相殺を禁ずる原則であり、企業の財政的な（　④　）を示すために要請される。

3. 貸借対照表項目の配列は、（　⑤　）を示す見地から流動性配列法が原則であるが、固定設備が多い特定の業種では（　⑥　）を示す見地から固定性配列法がとられることもある。

4. 貸借対照表の科目の分類基準には、（　⑦　）と（　⑧　）がある。（　⑦　）は企業の正常な（　⑨　）内にある資産や負債を流動項目とし、それ以外を固定項目とする基準をいう。（　⑧　）は貸借対照表日の翌日以後1年以内に期限が到来するものを流動項目、それ以外を固定項目とする基準をいう。

☆
☆☆
☆

次の文章の正否を○×で示し、×の場合はその理由を述べること。

1. 貸借対照表完全性の原則は、貸借対照表にすべての資産、負債及び純資産を記載することを要求する原則である。したがって、簿外資産や簿外負債、架空資産や架空負債はいかなる場合でも認められない。

2. 貸借対照表上、ある銀行に預けている当座預金と、別の他の銀行に負っている当座借越を相殺して表示することは、総額主義の原則には反しない。

3. 貸借対照表は企業の支払能力などの財政状態を示すことも目的としているのであるから、その配列は、支払能力などの判断に便利な流動性配列法により行わなければならない。

4. 商品等の棚卸資産については正常営業循環基準により流動資産とされるが、貸付金、未収金、売掛金などの債権は、1年基準を適用しなければならない。

☆

1．貸借対照表の意義と貸借対照表完全性の原則
①財政状態　②投資のポジション　③貸借対照表完全性の原則
☞解説：企業会計原則 第三 一、貸借対照表の純資産の部の表示に関する会計基準4

2．貸借対照表の総額主義の原則の意義とその要請理由
④規模
☞解説：企業会計原則 第三 一 B、貸借対照表の純資産の部の表示に関する会計基準 4

3．貸借対照表項目の配列方法
⑤財務流動性（支払能力）　⑥財務健全性
☞解説：企業会計原則 第三 三

4．貸借対照表科目の分類基準
⑦正常営業循環基準　⑧1年基準　⑨営業循環過程
☞解説：企業会計原則 注16

解答 **1**

1．× （理由：架空資産・架空負債はいかなる場合も認められないが、重要性の原則の適用による簿外資産・負債は認められる。）
☞基準：企業会計原則 第三 一、注1、貸借対照表の純資産の部の表示に関する会計基準4

2．× （理由：資産と負債の相殺であり、総額主義の原則に反している。）
☞基準：企業会計原則 第三 一 B

3．× （理由：原則として流動性配列法によるが固定性配列法も認められる。）
☞基準：企業会計原則 第三 三

4．× （理由：売掛金は正常営業循環基準により流動資産とされる。）
☞基準：企業会計原則 注16

解答 **2**

1．貸借対照表で示されるものは？（　　　　　）または（　　　　　　　　）

2．貸借対照表にすべての資産、負債、純資産の記載を要求する原則は？
　（　　　　　　　　　　　）

3．資産・負債の配列法は？　原則（　　　　　　）例外（　　　　　　）

4．企業の財務流動性を示す資産・負債の配列法は？（　　　　　　）

5．企業の財務健全性を示す資産・負債の配列法は？（　　　　　　）

6．貸借対照表科目の分類基準は？（　　　　　　）（　　　　　）

7．貸借対照表の総額主義とは？（　　　　　　　　　　）

8．貸借対照表における総額主義の根拠は？（　　　　　　　　）

9．貸借対照表における総額主義の例外は？
　（　　　　　　　　　　　　　　）

☆
☆

1．空欄に該当する語句を答えなさい。
　　貸借対照表は、企業の（　ア　）を明らかにするため、（　イ　）における
　すべての資産、負債及び純資産を記載し、株主、債権者その他の利害関
　係者にこれを正しく表示するものでなければならない。

　　ア（　　　　　）イ（　　　　　　　）

2．貸借対照表の原則的配列法と例外的配列法の名称とそれぞれの採用根
　拠を端的に示しなさい。

　　原則的配列法（　　　　　　）その採用根拠（　　　　　　）
　　例外的配列法（　　　　　　）その採用根拠（　　　　　　）

3．2．におけるそれぞれの方法によった場合の貸借対照表上の①流動資産、
　②固定資産、③繰延資産の表示順序を番号で示し、いずれの方法によっ
　ても表示順序が変わらない項目の番号とその理由を述べなさい。

　　原則的配列法の場合（　　⇒　　⇒　　）例外的配列法の場合（　　→　　⇒　　）
　　番号（　　　）理由（　　　　　　　　　　　　　　　　　　）

☆
☆

解答
3

１．貸借対照表で示されるものは？（財政状態）または（投資のポジション）
２．貸借対照表にすべての資産、負債、純資産の記載を要求する原則は？
（貸借対照表完全性の原則）

３．資産・負債の配列法は？　原則（流動性配列法）例外（固定性配列法）
４．企業の財務流動性を示す資産・負債の配列法は？（流動性配列法）
５．企業の財務健全性を示す資産・負債の配列法は？（固定性配列法）
６．貸借対照表科目の分類基準は？（正常営業循環基準）（１年基準）

７．貸借対照表の総額主義とは？（資産と負債・純資産の相殺禁止）
８．貸借対照表における総額主義の根拠は？（企業の財政規模の明示）
９．貸借対照表における総額主義の例外は？
（繰延税金資産と繰延税金負債の相殺表示）

穴埋め

短答

解答
4

１．ア（財政状態）　イ（貸借対照表日）

☞解説：企業会計原則　第三　一

２．原則的配列法（流動性配列法）その採用根拠（財務流動性の表示）
　　例外的配列法（固定性配列法）その採用根拠（財務健全性の表示）

☞解説：企業会計原則　第三　三

３．原則的配列法の場合（①⇒②⇒③）例外的配列法の場合（②⇒①⇒③）
　　番号（　③　）理由（繰延資産には換金価値がないためである）

☞解説：繰延資産は換金価値を有しない資産であり、財務流動性（支払能力）ないし
　　　　財務健全性の見地からの意味を持ちません。このため、いずれの配列法をとっ
　　　　ても最後に表示されます。

○
×

総合

次の文章の空欄に適切な語句を記入し、**各文章にタイトルを付しなさい。**

1．損益計算書において取引の量的な（　①　）を示すために収益と費用の相殺を禁じたのが（　②　）の原則である。損益計算書における（　②　）の例外には、売上・仕入高からの値引等の控除や為替差損益の純額表示等がある。

2．損益計算書に表示される利益の考え方には、企業の（　③　）を示すべきとする当期業績主義と企業の（　④　）を示すべきとする包括主義がある。現行の損益計算書は包括主義を採用するが、区分利益として当期業績主義的な利益である（　⑤　）も併せて示すことで両者の考え方を折衷している。

3．費用収益対応表示の原則は、損益計算書に関連する収益と費用の対応表示を求める原則である。

　収益と費用の対応関係には、（　⑥　）と（　⑦　）がある。（　⑥　）とは生産物を媒介とした個別的・直接的な因果関係を有する対応をいい、（　⑦　）とは期間を媒介とした間接的な対応関係をいう。これ以外に単なる取引の（　⑧　）に着目した期間外損益項目の対応表示も行われる。

☆
☆☆
☆

次の文章の正否を○×で示し、**×の場合はその理由を述べること。**

1．企業の正常な期間収益力を表示すべきとする当期業績主義でも、経常損益の他に、非経常的な損益項目も含めて当期純利益を計算すべきとする包括主義でも、期間利益の合計は常に全体期間の利益合計と一致する。

2．損益計算書は、企業の経営成績を明らかにするため、当期に属するすべての収益とすべての費用をその因果関係に基づいて対応表示した上で、当期純利益を表示しなければならない。

3．営業外費用は営業外収益獲得のための価値犠牲であることから、損益計算書において、これらは対応表示されている。

4．費用収益対応の原則は、企業努力としての費用とそれに対する成果としての収益を関連比較して損益計算を行うことのみを要求している。

☆

解答 5

1. **総額主義の意義とその例外**
   ①規模　②総額主義
   ☞解説：企業会計原則 第二 一 B

2. **当期業績主義と包括主義**
   ③短期的収益力（経常収益力）　④長期的収益力　⑤経常利益
   ☞解説：企業会計原則 第二 一

3. **費用収益対応表示の原則と対応関係の種類**
   ⑥個別的対応　⑦期間的対応　⑧同質性
   ☞解説：企業会計原則 第二 一 C

穴埋め

短答

4

解答 6

1. ×（理由：当期業績主義では一致しない。）

2. ×（理由：すべての収益と費用との間に因果関係に基づく対応関係は ない。）

3. ×（理由：一般に営業外費用と営業外収益の間に因果関係はない。）

4. ×（理由：すべての費用と収益との間に努力と成果としての因果関係、 すなわち、個別的対応関係はない。）

○×

総合

1. 損益計算書で明らかにされるものは？（　　　　　　）または（　　　　　　　）
2. 損益計算書の総額主義の根拠は？（　　　　　　　　　　　　　）
3. 損益計算書の総額主義の例外は？
　　① （　　　　　　　　　　　） ② （　　　　　　　）
　　③ （　　　　　　　　　　　　　　　　）
4. 現行の損益計算書上の当期業績主義的利益は？（　　　　　　　）
5. 当期業績主義的利益が示すのは？（　　　　　　　）
6. 現行の損益計算書上の包括主義による利益は？（　　　　　　）
7. 包括主義的利益が示すのは？（　　　　　　　）

8. 対応原則の意味は？（　　　　　　　）（　　　　　　　　　　　）
9. 費用と収益の因果的な対応関係の種類は？
　　（　　　　　）（　　　　　　）
☆　10. 個別的対応とは？（　　　　　　　　　　　　　）
11. 個別的対応の例は？（　　　　　　　　）
12. 期間的対応とは？（　　　　　　　　　　　）
13. 期間的対応の例は？（　　　　　　）

1. 空欄に該当する語句を答えなさい。
　　損益計算書は、企業の（ ア ）を明らかにするため、一会計期間に属するすべての収益とこれに対応するすべての費用とを記載して（ イ ）を表示し、これに特別損益に属する項目を加減して（ ウ ）を表示しなければならない。
　　　ア（　　　　　　　） イ（　　　　　　　） ウ（　　　　　　　）

2. 損益計算書の作成に関する２つの考え方の名称をあげ、現行の損益計算書のそれぞれの考え方に対応する区分利益が何を示すかを指摘しなさい。
　　　名称 a （　　　　　　） 示されるもの（　　　　　　　）
　　　名称 b （　　　　　　） 示されるもの（　　　　　　　）

3. 収益と費用の因果的な対応関係には、①個別的対応と②期間的対応があるが、それぞれにつき簡潔に説明しなさい。
☆　　　① （　　　　　　　　　　　　　　　　　　）
☆☆　　② （　　　　　　　　　　　　　　　　　　　）

解答
7

1. 損益計算書で明らかにされるものは？（経営成績）または（投資の成果）
2. 損益計算書の総額主義の根拠は？（取引の量的規模を示すため）
3. 損益計算書の総額主義の例外は？
   ①（純売上高・純仕入高）②（為替差損益）
   ③（売買目的有価証券の評価・売却損益）
4. 現行の損益計算書上の当期業績主義的利益は？（経常利益）
5. 当期業績主義的利益が示すのは？（短期的収益力）※経常収益力
6. 現行の損益計算書上の包括主義による利益は？（当期純利益）
7. 包括主義的利益が示すのは？（長期的収益力）

8. 対応原則の意味は？（費用の認識原則）（費用収益対応表示の原則）
9. 費用と収益の因果的な対応関係の種類は？
   （個別的対応）（期間的対応）
10. 個別的対応とは？（生産物を媒介にした直接的な対応）
11. 個別的対応の例は？（売上高と売上原価）
12. 期間的対応とは？（期間を媒介にした間接的な対応）
13. 期間的対応の例は？（売上高と給料）

解答
8

1. ア（経営成績）　イ（経常利益）　ウ（当期純利益）
   ☞解説：企業会計原則 第二 一

2. 名称 a（当期業績主義）示されるもの（短期的収益力）※経常収益力
   名称 b（　包括主義　）示されるもの（長期的収益力）
   ☞解説：企業の経常収益力（短期的収益力）の表示を行うため損益計算書には期間外損益項目を記載せず、期間損益項目のみを記載する考え方を当期業績主義といいます。これに対して期間損益項目のみならず、期間外損益項目も損益計算書に記載し、企業の長期的収益力を示す考え方を包括主義といいます。現行の損益計算書は包括主義を採用しますが、当期業績主義的利益である経常利益を合わせて示すことでいわば両者を併用させています。

3. ①（個別的対応とは、生産物を媒介とした直接的な対応をいう。）
   ②（期間的対応とは、期間を媒介とした間接的な対応をいう。）
   ☞解説：企業会計原則 第二 一 C

穴埋め

短 答

4

○×

総 合

Chapter 5 損益会計

5-1 費用及び収益の認識 ★★★

　費用・収益をいつ計上するかを認識といい、いくら計上するかを測定という。

　概念フレームワークは投資のリスクからの解放の時点で純利益を認識し、企業会計原則は実現収益とこれに対応する発生費用の差引で損益計算を行う。

5-2 費用及び収益の測定 ★★☆

　費用と収益は、収支額基準により測定する。

　期間利益の合計は全体利益（全体収入−全体支出）に一致するとの原則を一致の原則という。

5-3 現金主義会計と発生主義会計 ★☆☆

　現金主義とは、現金収支により収益及び費用を認識する考え方をいう。

　現金主義会計とは、現金主義による会計をいう。

　発生主義とは、発生（経済価値の増減）により損益を認識する考え方をいう。

　発生主義会計とは、発生主義による会計をいう。

　信用取引を中心とし、常に在庫を抱え、固定設備を有する現代の大規模企業には発生主義会計が適合する。

5-4 現金主義会計と発生主義会計による利益の性格 ★★☆

現金主義会計による利益は処分可能性を有し、発生主義会計による利益は業績指標性を有している。

5-5 発生主義とキャッシュ・フロー計算との関係 ★★☆

発生主義会計は、企業の収益力の表示を目的とし、キャッシュ・フロー会計は、企業のキャッシュ・フロー生成能力の表示を目的とする。

5-6 発生主義による費用の認識 ★★★

費用は発生主義により認識する。

費用の認識原則としての発生主義とは、費用の発生、すなわち経済価値の費消により費用を認識する考え方をいう。

5-7 損益の認識と資産の評価 ★★☆

損益の認識基準としての発生主義は資産の評価基準としての時価主義と結びつき、損益の認識基準としての実現主義は資産の評価基準としての原価主義と結びつく。

企業会計の目的は適正な期間損益計算にあります。

次の文章の空欄に適切な語句を記入し、各文章にタイトルを付しなさい。

損益会計

1. 支出や収入をどの会計期間における費用や収益とするかの問題、つまり費用と収益の期間帰属の決定を（ ① ）といい、費用や収益の金額を決めることを（ ② ）という。（ ① ）と（ ② ）を合わせて（ ③ ）という。

2. 費用と収益を現金の（ ④ ）時点で認識する会計を現金主義会計といい、経済価値の増減、すなわち（ ⑤ ）時点で費用や収益を認識する会計を発生主義会計という。

3. 現金主義会計では、現金仕入を売上原価、現金売上を売上高とし、固定資産の取得に係る支出を費用とする。発生主義会計では、信用取引を加味し、売上に対応する売上原価のみが計上され、固定資産については費用配分手続である減価償却が行われる。（ ⑥ ）が行われ、恒常的（ ⑦ ）を有し、多くの（ ⑧ ）を有する現代の企業に現金主義会計は適合せず、発生主義会計が適している。

☆
☆
☆

次の文章の正否を○×で示し、×の場合はその理由を述べること。

損益会計

1. 一定期間ごとに損益計算を行う場合、すべての収入・支出がその期間の収益・費用になるとは限らない。そこで収入と支出が、どの期間に属するものであるかを一定の基準に基づいて決定する必要がある。これを費用・収益の測定と呼ぶ。

2. 現金主義会計とは、現金の収入額や支出額により収益や費用を測定する会計の方式をいう。

3. 当期中の収入には、当期の収益に関係がある収入、前期の収益に関係がある収入、将来の収益に関係がある収入等が含まれていることがある。

4. 利益計算の体系として、現金主義会計と発生主義会計がある。現金主義会計になくて、発生主義会計にある損益計算書原則の一つが、費用収益対応の原則である。

☆

1．認識と測定の意義
　①認識　②測定　③計上

2．現金主義会計と発生主義会計の意義
　④収支　⑤発生

3．現金主義会計と発生主義会計の特徴
　⑥信用取引（掛取引）　⑦在庫（棚卸資産在庫）　⑧固定資産（固定設備）

1．×（理由：測定⇒認識）

2．×（理由：測定⇒認識）

3．○
　☞解説：当期の収益に関係がある収入には、現金売上があります。前期の収益に関係
　　　　　がある収入には、売掛金の回収があります。将来の収益に関係がある収入に
　　　　　は、前受金の受取りがあります。

4．○
　☞解説：現金主義会計では、収益と費用の対応は要求されません。

１．費用・収益の認識とは？（　　　　　　　　　　　　　）

２．費用・収益の測定とは？（　　　　　　　　　　）

３．現金主義とは？（　　　　　　　　　　　　　　　　）

４．現金主義会計とは？（　　　　　　　　　）

５．現金主義での費用・収益の測定基準は？（　　　　　）

６．発生主義会計とは？（　　　　　　　　　　）

７．発生主義での費用・収益の認識時点は？（　　　　　　）

８．現金主義会計から発生主義会計へ移行した環境要因を３つ示せ。

　①（　　　　　　　　）②（　　　　　　　　）③（　　　　　　　）

９．発生主義会計の特徴は？

　①（　　　　　　　　）②（　　　　　　　　　　　）

☆
☆

　　現金主義会計と発生主義会計とでは、解答欄に示す各項目の計算方法が異なる。下記の語群の番号（または番号を利用した算式）でその算出方法を現金主義会計と発生主義会計の別に示しなさい。なお、下記以外の要素を考慮する必要はない。

（語群）
①現金による売上　②現金による仕入　③掛による売上　④掛による仕入
⑤売掛金の現金による回収　⑥買掛金の現金による支払
⑦期首棚卸高　⑧期末棚卸高
⑨固定資産の取得による支出　⑩減価償却費

１．売上高：現金主義会計（　　　）発生主義会計（　　　　　　）

２．売上原価：現金主義会計（　　　）発生主義会計（　　　　　　）

３．固定資産関連費用：現金主義会計（　　　）発生主義会計（　　　）

☆
☆

1．費用・収益の認識とは？（費用・収益の期間帰属の決定）
2．費用・収益の測定とは？（費用・収益の金額の決定）

3．現金主義とは？（現金収支により費用・収益を認識する考え方）
4．現金主義会計とは？（現金主義に基づく会計）
5．現金主義での費用・収益の測定基準は？（収支額基準）

6．発生主義会計とは？（発生主義に基づく会計）
7．発生主義での費用・収益の認識時点は？（経済価値の増減）
8．現金主義会計から発生主義会計へ移行した環境要因を3つ示せ。
　①（信用取引の発達）　②（在庫の恒常化）　③（固定資産の増大）

9．発生主義会計の特徴は？
　①（企業活動に即している）②（合理的な対応計算ができる）

解答
3

1．売 上 高：現金主義会計（①＋⑤）発生主義会計（①＋③）

2．売上原価：現金主義会計（②＋⑥）発生主義会計（②＋④＋⑦－⑧）

3．固定資産関連費用：現金主義会計（⑨）発生主義会計（⑩）

☞解説：損益の認識を現金収支時点で行う考え方を現金主義といい、現金主義に基づく会計を現金主義会計といいます。
これに対して損益の認識を発生（経済価値の増減）の時点で行う考え方を発生主義といい、発生主義に基づく会計を発生主義会計といいます。

解答
4

問題 5

損益会計

次の文章の空欄に適切な語句を記入し、各文章にタイトルを付しなさい。

1. 企業の各期間の（ ① ）の合計は企業の全生涯を仮定した場合における全体期間の（ ① ）に一致するとの考えを一致の原則という。また、全体期間の（ ① ）は全体期間の（ ② ）にも一致する。純利益も、包括利益もこのような（ ① ）計算が（ ② ）を基礎とするという制約を満たす。

2. 発生主義による損益計算は、期間収益から期間費用を差し引いて行われる。期間収益と期間費用は（ ② ）に基づいて計上されるため、期間損益計算は（ ② ）を期間（ ③ ）したものであるといわれる。

3. 現金主義会計による利益は、現金収入と現金支出との差額として算出されるため（ ④ ）を有している。これに対して発生主義会計による利益は、経済価値の増減に着目したものであるため、（ ⑤ ）を有している。

☆
☆☆
☆

問題 6

損益会計

次の文章の正否を○×で示し、×の場合はその理由を述べること。

1. 現金主義会計による利益は、現金収入と現金支出との差額で算出されるため業績指標性を有している。これに対して発生主義会計による利益は、経済価値の増減に着目したものであるため、処分可能性を有している。

2. 期間損益計算は、期間収益から期間費用を差し引いて行われる。各期に算出される利益の合計は企業の全生涯を仮定した場合における全体期間の利益に一致する。また、全体期間の利益は全体期間のキャッシュフローにも一致することから、利益はキャッシュフローを期間配分したものともいわれる。

3. ファイナンス・リース取引に該当し売買処理した場合とオペレーティング・リース取引に該当し賃貸借処理した場合の借手側の処理を比較すると、売買処理の場合は、リース資産に係る減価償却費のほかに、リース債務に係る支払利息も計上されるので、リース期間を通算した費用総額は、ファイナンス・リース取引に該当し売買処理した場合の方が多くなる。

☆

1．一致の原則

　①利益　②キャッシュ・フロー

2．損益計算とキャッシュ・フローの関係

　③配分

3．現金主義会計による利益と発生主義会計による利益の性格

　④処分可能性　⑤業績指標性

1．×（理由：業績指標性と処分可能性が逆）

2．○

3．×（理由：会計処理の違いにより、算出される利益合計は変わらない。）

1．各期の利益の合計と全体期間の利益が一致するという原則は？
（　　　　　　　　）

2．全体期間の損益計算と収支計算の関係を算式で示せ。
（　　　　　　　　　　　　　　　　）

3．現金主義会計による利益が有する性格は？（　　　　　　　）

4．発生主義会計による利益が有する性格は？（　　　　　　）

5．発生主義会計による利益計算の目的は？（　　　　　　　　）

6．キャッシュ・フロー計算の目的は？（　　　　　　　　　　　　）

7．時価主義と整合的な損益の認識基準は？（　　　　　　）

8．原価主義と整合的な損益の認識基準は？（　　　　　　）

☆
☆

　　今日の企業会計は、現金主義会計から発生主義会計へと発展したといわれるが、両者の利益計算には大きな違いがある。

1．それぞれによって計算される利益の性格を端的に示しなさい。

　　発生主義会計（　　　　　　　）

　　現金主義会計（　　　　　　　）

2．現在では現金主義会計は一部の例外を除いて行われていないが、キャッシュ・フローの流れを示すキャッシュ・フロー計算書の作成が義務づけられている。発生主義による利益計算とキャッシュ・フロー計算との目的の違いを簡潔に説明しなさい。

　　（＿＿＿＿＿＿＿＿＿＿＿＿＿＿＿＿＿＿＿＿＿＿＿＿＿＿
　　＿＿＿＿＿＿＿＿＿＿＿＿＿＿＿＿＿＿＿＿＿＿＿＿＿＿＿）

☆
☆

❶．各期の利益の合計と全体期間の利益が一致するという原則は？
　（一致の原則）

❷．全体期間の損益計算と収支計算の関係を算式で示せ。
　（全体期間の損益計算＝全体期間の収支計算）

❸．現金主義会計による利益が有する性格は？　（処分可能性）
❹．発生主義会計による利益が有する性格は？　（業績指標性）

❺．発生主義会計による利益計算の目的は？　（収益力の算定表示）
❻．キャッシュ・フロー計算の目的は？（キャッシュ・フロー生成能力の表示）

❼．時価主義と整合的な損益の認識基準は？　（発生主義）
❽．原価主義と整合的な損益の認識基準は？　（実現主義）

❶．発生主義会計（業績指標性）
　　現金主義会計（処分可能性）

☞解説：現金主義会計では、現金収支に基づく損益が認識され、算出される利益は処分可能性を有しています。これに対して発生主義会計では、経済価値の増減に基づく損益が認識されるため、算出される利益は業績指標性を有しています。

❷．（発生主義による利益計算は、企業の収益力の表示が目的であり、キャッシュ・フロー計算は、キャッシュ・フローの生成能力の表示が目的である。）

☞解説：損益計算書における発生主義による利益計算は、企業の業績指標となる収益力の算定表示を目的とします。これに対してキャッシュ・フロー計算書におけるキャッシュ・フロー計算は、キャッシュ・フローの生成能力を表示するのが目的です。発生主義による利益に資金の裏付けを与えるのがキャッシュ・フロー計算の役割ともいえます。

Chapter **6**　損益認識

　収益は実現主義により認識する。

　収益の実現とは、取引による財やサービスの移転と貨幣性資産の受領をいう。

　実現主義は収益計上の確実性と金額の客観性を満たすために要請される。

　実現主義は、未実現利益を計上しない資産の評価基準としての取得原価基準と整合的である。

　投資のリスクとは、投資の成果の不確定性をいい、投資のリスクからの解放とは、投資にあたって期待された成果が事実として確定することをいう。

　金融投資は、時価の変動額がリスクから解放されたものとみなされ、時価で評価し、評価差額を当期の損益とする。

　事業投資は、事業のリスクに拘束されない独立した資産の獲得によりリスクから解放されたものとみなされ、取得原価で評価し、これを費用配分する。

　収益認識の基本原則は、約束した財やサービスの顧客への移転をその財やサービスと交換に企業が権利を得ると見込む対価の額で描写するように収益を認識することである。

6-4　収益認識の5つのステップ　　★★★

① 顧客との契約を識別する。

② 契約における履行義務を識別する。

③ 取引価格を算定する。

④ 契約における履行義務に取引価格を配分する。

⑤ 履行義務を充足した時に又は充足するにつれて収益を認識する。

6-5　履行義務の充足による収益の認識　　★★★

　約束した財やサービス（資産）を顧客に移転することにより履行義務を充足した時に又は充足するにつれて、充足した履行義務に配分された額で収益を認識する。

　資産が移転するのは、顧客がその資産に対する支配を獲得した時又は獲得するにつれてである。

問題 1

損益認識

次の文章の空欄に適切な語句を記入し、各文章にタイトルを付しなさい。

1. 実現主義とは、(①) の認識を (②) の時点で行う考え方をいう。(②) とは、財やサービスの (③) と貨幣性資産の受領による (④) の成立をいう。実現主義によれば、収益計上の (⑤) と金額の (⑥) を確保することができる。

2. 投資のリスクとは、投資の成果の (⑦) をいい、投資のリスクからの解放とは、投資にあたって期待された成果が事実として (⑧) することをいう。投資がリスクから解放された段階で (⑨) が認識される。(⑨) は、収益から費用を控除して計算されるのであるから収益と費用も投資がリスクから解放された段階で認識されるといえる。

3. (⑩) の変動を期待した (⑪) は、(⑩) の変動額がリスクから解放された投資の成果とみられるため、(⑩) で評価し、帳簿価額との差額を (⑫) とする。(⑩) の変動を期待せず、使用や販売によるキャッシュの獲得を期待した (⑬) は、キャッシュの獲得により投資がリスクから解放されたものとみられるため、(⑭) で評価し、これを (⑮) する。

☆
☆☆
☆

問題 2

損益認識

次の文章の正否を○×で示し、×の場合はその理由を述べること。

1. 実現主義によれば収益計上の確実性と金額の客観性が得られるが、そのためには商品やサービスを相手に提供するか、その対価として現金や現金同等物を受領するといういずれかの要件を満たす必要がある。

2. 実現主義の原則は、外部取引の事実に基づいて収益を計上するため、客観性が得られ、さらに企業の主たる活動が完了した時点で認識するので、経営努力（費用）と成果（収益）を比較しやすいという特徴を持っている。

3. 投資のリスクからの解放は、収益の認識基準である実現主義を発展させ、金融投資の評価益を説明可能とした概念であり、収益の認識全般に関する考え方である。

☆

解答 1

1．実現主義の意義・実現の要件・その必要性
①収益　②実現　③移転　④対価　⑤確実性　⑥客観性
☞解説：企業会計原則 第二 一 A、三 B

2．リスクからの解放の意義
⑦不確定性　⑧確定　⑨純利益
☞解説：概念フレームワーク第 3 章 23、第 4 章 57

3．金融投資と事業投資の評価と損益の認識
⑩時価　⑪金融投資　⑫当期の損益　⑬事業投資　⑭取得原価
⑮費用配分
☞解説：概念フレームワーク第 4 章 57

穴埋め

短答

解答 2

1．× （理由：いずれか⇒いずれも）
☞解説：実現主義の原則における実現の 2 要件は、いずれかを満たす場合に充足するのではなく、いずれも満たした場合に充足することになります。

2．○
☞解説：実現主義の原則では、商品販売であれば、商品の販売という企業の外部者との客観的な取引が行われた段階で収益を認識することになります。実現主義によれば、商品販売による売上収益とこれに対応する費用との差引により損益計算が行われます。

○×

総合

3．× （理由：収益⇒純利益）
☞解説：投資のリスクからの解放は、収益の認識全般のみではなく、純利益の認識に関する考え方です。純利益は収益から費用を控除して算出するのですから、収益と費用の認識に関する考え方であるともいえます。

１．企業会計原則における収益の認識基準は？（　　　　　　）

２．実現主義とは？（　　　　　　　　　　　　　　　）

３．収益の実現の具体的要件は？①（　　　　　　　　　）　②（　　　　　）

４．実現主義の採用根拠は？（　　　　　　　　　　　　　　）

５．実現主義と結びつく資産の評価基準は？（　　　　　　）

６．実現主義が原価主義と整合的な理由は？（　　　　　　　　）

７．投資のリスクからの解放は何の認識規準か？（　　　　）

８．投資のリスクとは？（　　　　　　　　　）

９．リスクからの解放とは？（　　　　　　　　）

☆
☆

１．空欄に該当する語句を答えなさい。

　　すべての費用及び収益は、その（　ア　）に基づいて計上し、その（　イ　）した期間に正しく割当てられるように処理しなければならない。ただし、（　ウ　）は、原則として、当期の損益計算に計上してはならない。

　　　ア（　　　　　）イ（　　　　　）ウ（　　　　　）

２．企業会計原則での費用と収益の認識・測定の基準として相応しいものを費用・収益の認識・測定ごとに番号で答えなさい。解答は一つとは限りません。

　　【語群】
　　①発生主義　②実現主義　③費用収益対応の原則　④費用配分の原則
　　⑤収入額基準　⑥支出額基準　⑦総額主義の原則
　　費用の認識（　　　　）　費用の測定（　　　　）
　　収益の認識（　　　　）　収益の測定（　　　　）

３．商品販売の収益認識基準に販売基準が採用される根拠を説明しなさい。

　　（　　　　　　　　　　　　　　　　　　　　　　　　　　　　　　　）

☆
☆
☆

1．企業会計原則における収益の認識基準は？（実現主義）
2．実現主義とは？（収益を実現の時点で認識する考え方）
3．収益の実現の具体的要件は？
　①（財やサービスの移転）　②（対価の成立）＊現金・現金同等物の受領等
4．実現主義の採用根拠は？（収益計上の確実性と金額の客観性を満たす）
5．実現主義と結びつく資産の評価基準は？（取得原価基準）＊原価主義
6．実現主義が原価主義と整合的な理由は？（評価益を計上しないため）

7．投資のリスクからの解放は何の認識規準か？（純利益）
8．投資のリスクとは？（投資の成果の不確定性）
9．リスクからの解放とは？（期待された成果の確定）

解答
3

穴埋め

短
答

6

1．ア（支出及び収入）　イ（　発生　）　ウ（未実現収益）
　☞解説：企業会計原則 第二 一 A

2．費用の認識（　①、③　）　費用の測定（　④、⑥　）
　収益の認識（　②　）　　収益の測定（　⑤　）
　☞解説：伝統的に収益の認識は、実現主義によることとされてきました。実現とは、
　　　　　一般には第三者との取引による財やサービスの移転と対価の成立という2要
　　　　　件を充足した時点と解されています。このようなタイミングで収益を計上す
　　　　　れば、その収益は取り消されることのない確実性と金額の測定面における客
　　　　　観性を備え、また制度上の処分可能利益の算定に役立つものとして、これま
　　　　　で収益認識の基準として支持されてきました。

3．（収益計上の確実性と金額の客観性を満たすため）
　☞解説：実現主義の商品販売における具体的な適用基準が販売基準です。その採用根
　　　　　拠は実現主義の採用根拠と同様に収益計上の確実性と金額の客観性に求めら
　　　　　れます。

解答
4

○×

総
合

次の文章の空欄に適切な語句を記入し、**各文章にタイトルを付しなさい。**

1. 収益認識の基本となる原則は、約束した（　①　）又は（　②　）の顧客への（　③　）をその（　①　）又は（　②　）と交換に企業が権利を得ると見込む（　④　）で描写するように（　⑤　）することである。

2. 基本となる原則に従って、収益を認識するために、次の(1)から(5)のステップを適用する。
   (1) 顧客との（　⑥　）を識別する。
   (2) （　⑥　）における（　⑦　）を識別する。
   (3) （　⑧　）を算定する。
   (4) （　⑥　）における（　⑦　）に（　⑧　）を配分する。
   (5) （　⑦　）を充足した時に又は充足するにつれて（　⑤　）する。

3. 約束した（　①　）や（　②　）（資産）を顧客に（　③　）することにより（　⑦　）を充足した時に又は充足するにつれて、充足した（　⑦　）に配分された額で（　⑤　）する。資産が移転するのは、顧客が当該資産に対する（　⑨　）を獲得した時又は獲得するにつれてである。

次の文章の正否を○×で示し、×の場合はその理由を述べること。

1. 収益の認識に関する会計基準は、収益認識に関する包括的な会計基準であるから事業用資産を売却したことによる売却益についても適用がある。

2. 企業は約束した財やサービスを顧客に移転することにより履行義務を充足した時に又は充足するにつれて、収益を認識する。財やサービスが移転する時点は、企業が当該財やサービスに対する支配を喪失したか否かによって判断しなければならない。

3. 収益を認識する場合、まず、所定の要件を満たす顧客との契約を識別する。ここに契約とは、法的な強制力のある権利及び義務を生じさせる複数の当事者間における取決めをいう。なお、契約は、書面による場合だけでなく、取引慣行による場合を含むが、口頭による場合は含まれない。

4. 資産に対する支配とは、当該資産の使用を指図し、当該資産からの残りの便益のほとんどすべてを享受する能力をいう。資産が移転するのは、顧客が当該資産に対する支配を獲得した時又は獲得するにつれてである。

1．収益認識の基本原則

①財　②サービス　③移転　④対価の額　⑤収益を認識

☞解説：収益認識に関する会計基準 16

2．収益認識の5つのステップ

⑥契約　⑦履行義務　⑧取引価格

☞解説：収益認識に関する会計基準 17

3．履行義務の充足による収益の認識

⑨支配

☞解説：収益認識に関する会計基準 35

解答 5

穴埋め

短答

6

1．× （理由：事業用資産の売却益には適用しない。）

☞解説：収益認識に関する会計基準は、顧客との契約により生ずる収益に適用があり、事業用の固定資産の売却益には適用がありません。

2．× （理由：企業の支配の喪失ではなく、顧客の支配の獲得である。）

☞解説：収益認識に関する会計基準 35

3．× （理由：契約には口頭による場合も含まれる。）

☞解説：収益認識に関する会計基準 5、17

4．○

☞解説：収益認識に関する会計基準 37、35

解答 6

○×

総合

1．収益認識基準の対象となる収益は？（　　　　　　　　　　　　　　　　）

2．収益認識基準の基本となる原則は？

（

　　　　　　　　　）

3．収益認識の5つのステップは？
（①　　　　　　　　　　　　　）
（②　　　　　　　　　　　　　　　）
（③　　　　　　　　　　　　）
（④　　　　　　　　　　　　　　　　）
（⑤　　　　　　　　　　　　　　　　　　　）

4．資産が移転するのは？（　　　　　　　　　　　　　　　　　　）

5．商品販売における原則的な具体的認識基準は？（　　　　　　　）

「収益の認識に関する会計基準」では、約束した財やサービスの顧客への（　ア　）をこれと交換に企業が権利を得ると見込む（　イ　）で描写するように収益を認識することとされる。具体的には、顧客との契約及び契約における（　ウ　）の識別、（　エ　）の算定及び（　エ　）の（　ウ　）への配分、収益の認識という5つのステップにより収益が認識される。

1．空欄に該当する語句を答えなさい。
　　ア（　　　　　　）　イ（　　　　　　）　ウ（　　　　　）
　　エ（　　　　　　）

2．「財」が顧客へ移転したとみられるのはいつか簡潔に述べなさい。
　　（　　　　　　　　　　　　　　　　　　　　　　）

3．収益認識に関する会計基準における収益認識に相応しい商品の販売における具体的な基準は次のどれか？
　　①　商品の発送により収益を認識する発送基準
　　②　商品の顧客への引渡しにより収益を認識する引渡基準
　　③　商品の顧客における検収により収益を認識する検収基準
　　（　　　）

解答 **7**

1．収益認識基準の対象となる収益は？（**顧客との契約により生ずる収益**）

2．収益認識基準の基本となる原則は？

（**約束した財やサービスの顧客への移転を当該財やサービスと交換に企業が権利を得ると見込む対価の額で描写するように、収益を認識することである。**）

3．収益認識の5つのステップは？

（① **顧客との契約を識別する。**）

（② **契約における履行義務を識別する。**）

（③ **取引価格を算定する。**）

（④ **契約における履行義務に取引価格を配分する。**）

（⑤ **履行義務を充足した時に又は充足するにつれて収益を認識する。**）

4．資産が移転するのは？（**顧客が当該資産に対する支配を獲得したとき**）

5．商品販売における原則的な具体的認識基準は？（**検収基準**）

穴埋め　短答

解答 **8**

1．ア（**移転**）　イ（**対価の額**）　ウ（**履行義務**）　エ（**取引価格**）

☞解説：収益認識に関する会計基準16、17

2．（**顧客が当該財に対する支配を獲得した時**）

☞解説：収益認識に関する会計基準35、132

3．（　③　）

☞解説：商品販売における収益認識の具体的な基準には、商品の発送により収益を認識する発送基準、商品の顧客への引渡しにより収益を認識する引渡基準、商品の顧客での検収により収益を認識する検収基準があります。収益認識基準では、資産の移転による履行義務の充足により収益を認識しますが、資産の移転は、顧客において支配を獲得した時点で行われたものとされるため、具体的な収益認識基準としては検収基準が原則的な取扱いとされます。

○×　総合

Chapter 7 棚卸資産

7-1 棚卸資産の取得原価と仕入割引 ★☆☆

　棚卸資産の取得原価は、購入では購入代価に付随費用を加算した金額であり、製造では製造原価である。

　国内では仕入と決済を別個の取引とし、仕入割引を財務収益として営業外収益とする。

　国際基準では仕入と決済を一つの取引とし、仕入割引を仕入の控除項目とする。

7-2 払出数量と単価の決定 ★☆☆

　棚卸資産の払出原価は、払出数量に払出単価を乗じて計算する。

　払出数量の決定方法には、継続記録法と棚卸計算法がある。

　継続記録法は管理目的に優れるが煩雑である。

　棚卸計算法は簡便だが棚卸減耗を把握できず、重要性の乏しい棚卸資産に適用される。

売上収益を生み出す重要な棚卸資産に関する会計の問題を考えましょう。

7-3 先入先出法と後入先出法 ★★★

先入先出法は、物の流れに即しているが、価格変動時に同一価格水準で収益と費用が対応する損益計算ができず、期末棚卸資産が時価に近い金額で算出される。

後入先出法は、物の流れと逆の仮定を置くが、価格変動時に同一価格水準で収益と費用が対応する損益計算ができるが、期末棚卸資産価額が時価とかけ離れる。

7-4 棚卸資産の期末評価 ★★★

通常の販売目的で保有する棚卸資産の期末評価額は、取得原価とし、正味売却価額がこれを下回る場合は正味売却価額とする。

取得原価と正味売却価額との差額は当期の費用として処理する。原則として売上原価として表示するが、臨時の事象に起因し、かつ、多額な場合は特別損失とする。

7-5 棚卸資産の期末評価における時価 ★★★

棚卸資産は販売により投資額を回収するため、販売による回収可能価額である正味売却価額を取得原価と比較する時価とする。

再調達原価の把握が容易で、正味売却価額に連動している場合は、再調達原価を採用できる。

7-6 棚卸資産の期末評価の意味 ★★★

収益性の低下による簿価切下げは、取得原価基準の下で回収可能性を反映させるように、過大な帳簿価額を減額し、将来に損失を繰延べない処理としての意味を持つ。

正味売却価額が帳簿価額を下回っているときに収益性が低下したものとみる。

7-7　低価法の考え方　　　★★★

　低価法の考え方には取得原価基準の例外とする考え方（保守主義説）と取得原価基準の範囲内とする考え方がある。

　取得原価基準の範囲内とする考え方には、回収可能原価説（回収可能な原価で評価する考え方であり、正味売却価額を採用する）と有効原価説（残留する有用な原価で評価する考え方であり、再調達原価を採用する）がある。

7-8　翌期の会計処理　　　★★☆

　棚卸資産を時価評価した翌期の会計処理方法には切放法と洗替法がある。

　洗替法と切放法は棚卸資産の種類ごとに選択でき、売価の下落要因を区別できる場合は継続適用を要件に売価の下落要因ごとに選択できる。

7-9　トレーディング目的で保有する棚卸資産　　　★☆☆

　トレーディング目的で保有する棚卸資産について投資者に有用な情報は期末の市場価格であるため、期末の時価で評価する。

　売買・換金等に事業遂行上の制約がなく、市場価格の変動にあたる評価差額は投資活動の成果であるため当期の損益とする。

●会計基準との付き合い方●

会計基準って何？

　会計のルールが「会計基準」です。財務諸表論の学習は、会計基準の学習ともいえます。従来は公的な機関である「企業会計審議会」が会計基準を作成していましたが、今は民間の団体である「企業会計基準委員会」が会計基準を作成しています。この会計基準の攻略が財務諸表論合格への近道といえます。

　「企業会計審議会」が作った会計基準は、「○○に係る会計基準」という名称がつけられ、本文の手前に意見書があります。これに対して「企業会計基準委員会」が作った会計基準は、「○○に関する会計基準」という名称が多くなっており、本文が先で結論の背景が後ろにあります。ちょっとややこしいのが新しい会計基準ができても古いものは改めず、新しい会計基準との整合がなくなったものがその効果をなくしていく点です。このため効力があるものとないものが混在し、わかりにくいので注意が必要です。

「本文」と「結論の背景」

　会計基準は、本文と結論の背景（意見書という場合もあります。）からなります。本文は会計のルールが書かれたものであり、結論の背景や意見書にはその根拠が書かれています。あくまでも本文にはルールのみが記述されており、いくら学習しても会計基準に沿った計算ができるようになるだけでその基礎となる考え方や理論的な背景は身に付きません。読んで面白く、実際の試験にもよく出題されるのは結論の背景です。興味を持ってこの結論の背景を読むことができればベストでしょう。

どう読めばいいのか？

　会計基準を読むだけでも専門用語になじむことはできますが、加えてテキストや問題集を解く際に会計基準を参照するとより学習効果は高いでしょう。学習の当初からお堅い会計基準を通読するのは大変なので実際の学習の進行に応じてそのつど参照しながら読むのがおススメです。

　具体的な読み方としては意味がとれれば、それを繰り返すのが一番です。意味をとることができなければ声を出して読むのが効果的です。会計基準には、専門用語が多く含まれており、単純な慣れの要素も大きいため、学習の進行につれて理解できる部分も多くあります。とりあえず読むことにも大きな意味があるのです。

　会計基準と仲良くなることが財務諸表論の最大の攻略方法といえます。

次の文章の空欄に適切な語句を記入し、各文章にタイトルを付しなさい。

1. 棚卸資産の（ ① ）は、売上高と（ ② ）的な（ ③ ）関係を有する売上原価と次期以後の費用となる期末棚卸資産原価とに配分される。通常の販売目的で保有する棚卸資産は、（ ① ）を貸借対照表価額とし、期末の（ ④ ）が（ ① ）より下落している場合には、当該（ ④ ）をもって貸借対照表価額とする。この場合に（ ① ）と（ ④ ）との差額は、当期の（ ⑤ ）として処理する。

2. 通常の販売目的で保有する棚卸資産の収益性の低下による帳簿価額の切下げは、資産を時価で評価し、評価差額を当期の（ ⑥ ）とする会計処理とは異なり、（ ① ）基準の下で（ ⑦ ）性を反映させるために過大な帳簿価額を減額し、将来に（ ⑧ ）を繰り延べないために行われる会計処理である。

3. 先入先出法は、一般的な物の流れに即しており、棚卸資産が期末の時価に近い価格水準で評価される。しかし、価格変動時に同一価格水準での収益と費用の（ ③ ）計算ができず、特に価格上昇時に（ ⑨ ）が計上される。

次の文章の正否を○×で示し、×の場合はその理由を述べること。

1. 棚卸資産の原価配分方法としての個別法は、物の流れに対応しているが、事務処理が煩雑であり、恣意的な払出しによる利益操作の可能性がある。

2. 商品勘定の処理方法として分記法での記帳を前提にすると総平均法は採用できるが、移動平均法を採用することはできない。

3. 通常の販売目的で保有する棚卸資産の収益性の低下による簿価切下額は、売上原価（製造原価）として処理する。なお、それが臨時の事象に起因し、または多額なときは特別損失とする。

4. 後入先出法は、価格変動時に同一価格水準による収益と費用の対応計算が可能であり、価格上昇時に保有利益の計上を抑制できる。しかし、一般的な物の流れとは異なる仮定を置くこととなり、価格変動時には期末棚卸資産の貸借対照表価額が時価とかけ離れる欠点がある。

1. 棚卸資産の費用配分と期末評価
①取得原価 ②個別 ③対応 ④正味売却価額 ⑤費用
☞解説：棚卸資産の評価に関する会計基準7

2. 収益性の低下による簿価切下げの意味
⑥損益 ⑦回収可能 ⑧損失
☞解説：棚卸資産の評価に関する会計基準36

3. 先入先出法の長所と短所
⑨保有利益
☞解説：棚卸資産の評価に関する会計基準34－5、34－6

解答
1

穴埋め

短答

7

---

1. ○
　☞解説：個別法は個別性の強い商品に適しています。
　☞基準：棚卸資産の評価に関する会計基準6－2（1）

2. ×（理由：分記法は、商品販売のつど利益を区別して記帳する方法で
　　　あるため、移動平均法は採用できるが、売上原価が会計期間末ま
　　　で確定しない総平均法は採用できない。）

3. ×（理由：または⇒かつ）
　☞基準：棚卸資産の評価に関する会計基準17

4. ○
　☞基準：棚卸資産の評価に関する会計基準34－5、34－6

解答
2

○×

総合

問題 3

棚卸資産

1. 棚卸資産とは？（　　　　　　）

2. 棚卸資産の原則的な期末評価額は？（　　　　　）

3. 棚卸資産の期末評価額は？（　　　　　　　　　　）

4. 棚卸資産の資金回収手段は？（　　　）

5. 収益性の低下による簿価切下げの意味は？（　　　　　　　）

6. 連続意見書での低価基準の採用根拠は？（　　　　）

7. 低価基準採用時の翌期首の処理方法は？（　　　　）（　　　　）

8. 価格変動と原価配分計算が完全に一致する原価配分方法は？（　　　）

9. 物の流れと計算の仮定が一致する原価配分方法は？（　　　　）

10. 名目的利益を排除できる棚卸資産の原価配分方法は？（　　　　）

11. 同一価格水準での収益と費用の対応が可能な原価配分方法は？
　　（　　　　）

☆
☆

問題 4

棚卸資産

1. **空欄に該当する語句を答えなさい。**

　　通常の販売目的で保有する棚卸資産について、（ ア ）による簿価切下額は（ イ ）とするが、棚卸資産の製造に関し不可避的に発生すると認められるときには製造原価として処理する。また、（ ア ）に基づく簿価切下額が、臨時の事象に起因し、かつ、多額であるときには、（ ウ ）に計上する。

　　ア（　　　　　　）イ（　　　　）ウ（　　　　）

2. **棚卸資産と有形固定資産への投資の一般的な資金回収手段を示しなさい。**

　　棚卸資産（　　）固定資産（　　）

3. **収益性の低下による簿価切下げの意味を説明しなさい。**

　　（＿＿＿＿＿＿＿＿＿＿＿＿＿＿＿＿＿＿＿＿＿＿＿＿＿

　　＿＿＿＿＿＿＿＿＿＿＿＿＿　＿＿＿＿＿＿＿＿＿＿＿＿

　　＿＿＿＿＿＿＿＿＿＿＿＿＿＿＿＿＿＿＿＿＿＿＿＿＿）

☆
☆

1．棚卸資産とは？（営業目的の資産）

2．棚卸資産の原則的な期末評価額は？（取得原価）
3．棚卸資産の期末評価額は？（取得原価と正味売却価額の低い金額）
4．棚卸資産の資金回収手段は？（販売）
5．収益性の低下による簿価切下げの意味は？（将来に損失を繰り延べない）

6．連続意見書での低価基準の採用根拠は？（保守主義）
7．低価基準採用時の翌期首の処理方法は？（切放方式）（洗替方式）

8．価格変動と原価配分計算が完全に一致する原価配分方法は？（個別法）
9．物の流れと計算の仮定が一致する原価配分方法は？（先入先出法）
10．名目的利益を排除できる棚卸資産の原価配分方法は？（後入先出法）
11．同一価格水準での収益と費用の対応が可能な原価配分方法は？
（後入先出法）

1．ア（収益性の低下）　イ（売上原価）　ウ（特別損失）
☞解説：棚卸資産の評価に関する会計基準 17

2．棚卸資産（　販売　）固定資産（　使用　）
☞解説：棚卸資産の評価に関する会計基準 37

3．（収益性の低下による簿価切下げは、回収不能な帳簿価額の切下げ処理
であり、取得原価基準の下で将来に損失を繰延べないために行われる
処理である。）
☞解説：棚卸資産の評価に関する会計基準 36

	棚卸資産	固定資産
保有目的	販売	使用
資金回収手段	販売	使用（売却）
期末評価	取得原価 （正味売却価額）	取得原価（帳簿価額） （使用価値・正味売却価額）

次の文章の空欄に適切な語句を記入し、**各文章にタイトルを付しなさい。**

1．低価主義の考え方には、保守主義説以外に（ ① ）説と（ ② ）説がある。
（ ① ）説とは、取得原価のうち有効な部分のみを次期に繰越す考え方である。これに対して（ ② ）説は、取得原価のうち回収可能な原価のみを次期に繰越す考え方である。

2．有効原価説のもとでは時価として（ ③ ）が採用され、回収可能原価説のもとでは時価として（ ④ ）が採用される。

3．仕入割引の性格に関しては、異なる二つの見解がある。一つは、決済取引を仕入取引とは別個の取引とみて、仕入額を仕入時に確定するものとし、仕入割引は（ ⑤ ）とする見解である。もう一つは、決済取引を仕入取引と連続する一つの取引とみて、仕入額を決済時に確定するものとし、仕入割引は（ ⑥ ）の控除項目とする見解である。

次の文章の正否を○×で示し、×の場合はその理由を述べること。

1．不動産販売業者が販売目的で保有する土地は、法律上は不動産とされるのであるから、棚卸資産ではなく、有形固定資産に該当する。

2．一般管理活動に使用する消耗品等は、販売目的で保有する資産ではないから、棚卸資産に該当しない。

3．仕入割引の取扱いには、営業外収益とする考え方と仕入の控除項目とする考え方がある。前者の考え方は、為替予約の独立処理と通底し、後者の考え方は、振当処理と通底する。

4．低価基準の考え方には、保守主義説以外に有効原価説と回収可能原価説がある。有効原価説によった場合の期末時価には、正味売却価額が採用され、回収可能原価説によった場合の期末時価には、再調達原価が採用される。

1．低価法の考え方

①有効原価　②回収可能原価

☞解説：わが国では回収可能原価説が採用されています。

2．低価法の考え方別の時価

③再調達原価　④正味売却価額

☞解説：低価法の論拠として有効原価説と回収可能原価説とで採用される時価が異なる点に注意が必要です。

3．仕入割引の性格

⑤営業外収益　⑥仕入

☞解説：わが国では仕入割引を営業外収益として処理する方法が採用されています。

解答
5

穴埋め

7

1．× （理由：棚卸資産に該当する。）

☞基準：棚卸資産の評価に関する会計基準32

2．× （理由：一般管理活動に使用する消耗品等も棚卸資産に該当する。）

☞基準：棚卸資産の評価に関する会計基準29、30

3．○

☞解説：仕入割引を営業外収益とする考え方は、仕入取引と決済取引を別個の取引と考えています（二取引基準）。このような考え方は為替予約の独立処理の考え方と共通（通底）します。これに対して仕入割引を仕入の控除項目とする考え方は、仕入取引と一体と考えています（一取引基準）。このような考え方は為替予約の振当処理と共通します。

4．× （理由：正味売却価額と再調達原価が逆）

解答
6

○×

1．通常の営業過程で販売するために保有する財貨・用役は？（　　　　）（　　　　）

2．販売を目的として現に製造中の財貨・用役は？（　　　　）（　　　　）

3．販売目的の財貨・用役を生産するために短期的に消費される財貨は？
（　　　　　　　）（　　　　　　　）

4．販売・管理活動で短期的に消費される財貨は？
（　　　　　　　）（　　　　　　　）

5．購入した棚卸資産の取得原価は？（　　　　　　　　）

6．生産した棚卸資産の取得原価は？（　　　　　　　　）

7．棚卸資産の数量計算方法は？（　　　　　　）（　　　　　　）

8．仕入割引の取扱いを２つ示せ。（　　　　　　）（　　　　　）

9．保守主義以外の低価法の考え方は？（　　　　　　）（　　　　）

☆
☆　10．回収可能原価説で採用される時価は？（　　　　　　）

11．有効原価説で採用される時価は？（　　　　　　）

連続意見書第四では、次の４つの棚卸資産の類型を示している。
　①通常の営業過程で販売するために保有する財貨又は用役
　②販売を目的として現に製造中の財貨又は用役
　③販売目的の財貨又は用役を生産するために短期間に消費されるべき
　　財貨
　④販売及び一般管理活動で短期間に消費されるべき財貨

1．次の資産を上記①から④と⑤棚卸資産に該当しない資産に区別し、そ
れぞれ記号で答えなさい。該当する項目がない場合は解答欄に（－）を
示すこと。

　(ア) 製品　　(イ) 未成工事支出金　　(ウ) 建物建設代金の前払金
　(エ) 本来の用途から外され、売却される目的で保有している営業用車両
　(オ) 制作中の市場販売目的のソフトウェア制作費　　(カ) 仕掛品

　①（　　　）②（　　　）③（　　　）④（　　　）⑤（　　　）

2．上記1で⑤に示した項目の貸借対照表の表示科目名を示しなさい。解
答にあたっては、解答欄に記号・表示科目名の順にそれぞれ示すこと。

☆
☆
　（　　　　　　　　　　　　　　　　　　　　　　　　　）

1．通常の営業過程で販売するために保有する財貨・用役は？（商品）（製品）
2．販売を目的として現に製造中の財貨・用役は？（半製品）（仕掛品）
3．販売目的の財貨・用役を生産するために短期的に消費される財貨は？
　（原材料）（工場消耗品）
4．販売・管理活動で短期的に消費される財貨は？
　（事務用消耗品）（荷造用品）

5．購入した棚卸資産の取得原価は？（購入代価＋付随費用）
6．生産した棚卸資産の取得原価は？（製造原価）
7．棚卸資産の数量計算方法は？（継続記録法）（棚卸計算法）
8．仕入割引の取扱いを2つ示せ。（営業外収益）（仕入の控除項目）

9．保守主義以外の低価法の考え方は？（回収可能原価説）（有効原価説）
10．回収可能原価説で採用される時価は？（正味売却価額）
11．有効原価説で採用される時価は？（再調達原価）

解答 **7**

1．①（ア）②（イ、カ）③（一）④（一）⑤（ウ、エ、オ）

　☞解説：棚卸資産は商品、製品、半製品、原材料、仕掛品等の資産であり、企業がその営業目的を達成するために所有し、かつ、売却を予定する資産のほか売却を予定しない資産であっても、販売活動及び一般管理活動において短期間に消費される事務用消耗品等も含まれます（棚卸資産の評価に関する会計基準3）。棚卸資産の評価に関する会計基準28、31参照。
　制作中の市場販売目的のソフトウェア制作費については、無形固定資産の仮勘定として表示します（研究開発費等に係る会計基準注4）。

2．（ウ・建設仮勘定、エ・貯蔵品、オ・ソフトウェア仮勘定）

　☞解説：棚卸資産の評価に関する会計基準31、研究開発費等に係る会計基準 注4

解答 **8**

Chapter 8 金融商品

　金融資産は、一般に市場で客観的な時価を把握でき、その金額で換金等できる。

　客観的な時価の測定が不可能なものを除き、投資者の投資情報としても、企業の財務認識としても、国際的調和化の観点からも時価評価が必要である。

　金融資産でも価格変動リスクを認める必要がない場合や換金等に事業遂行上等の制約がある場合は、時価評価すべきではない。

　金銭債権は、市場がないか時価での清算を目的としないため時価評価せず、貸借対照表価額は、取得価額から貸倒引当金を控除して算出する。

　金銭債務は市場がないか、市場での清算に制約があるため、債務額で評価する。

　金融商品に関する会計基準は出題の多い大事な基準です。分量も多いですが、しっかり学習しましょう。

8-3　売買目的有価証券　　　　　★★★

　売買目的有価証券とは、時価の変動により利益を得る目的で保有する有価証券である。

　売買目的有価証券は、投資者に有用な時価で評価し、評価差額は、売却に事業遂行上等の制約がなく、財務活動の成果であるため当期の損益とする。

8-4　満期保有目的の債券　　　　　★★☆

　満期保有目的の債券は、将来キャッシュ・フロー（元本と利息の受取り）が固定され、時価の変動リスクを考慮する必要がなく、取得原価（償却原価）で評価する。

8-5　子会社株式・関連会社株式　　　★★☆

　子会社株式及び関連会社株式は、支配や影響力の行使を目的とし、時価の変動リスクを考慮する必要がないため、取得原価で評価する。

8-6　その他有価証券　　　　　　　★★☆

　その他有価証券は投資者に有用な時価で評価し、売却に事業遂行上等の制約があるため評価差額は純資産とする。

　評価差額の処理方法は、全部純資産直入法を原則とし、部分純資産直入法は保守主義の見地から認められている。

8-7　減損処理等 ★☆☆

　市場価格のない株式等の貸借対照表価額は、取得原価とする。

　市場価格のない株式以外の有価証券の時価が著しく下落し、回復する見込みがあると認められる場合以外は時価で評価し、評価差額は当期の損失とする。

　市場価格のない株式の実質価額が著しく低下したときは、実質価額まで減額し、評価差額は当期の損失とする。

8-8　金融資産の発生の認識 ★★☆

　金融資産の発生の認識は、契約の締結時から時価の変動リスクと信用リスクが生ずるため契約の締結時に行う。

　具体的な認識の基準には、約定日に発生を認識する約定日基準があるが、期中は受渡日基準と同様に処理し、差額のみを約定日基準と同様に処理する修正受渡日基準も認められる。

8-9　金融資産の消滅の認識 ★★☆

　金融資産の契約上の権利の行使、喪失、その権利に対する支配が他に移転した場合に金融資産の消滅を認識する。

　権利に対する支配の移転の考え方には、リスクと経済価値のすべての移転で消滅を認識するリスク・経済価値アプローチと財務構成要素ごとに消滅を認識する財務構成要素アプローチがある。

　取引の実質的な経済効果を財務諸表に反映する財務構成要素アプローチが採用される。

コラム
●計算との相互往復を図る●

財務諸表論の出題

　財務諸表論の出題は計算と理論が半分ずつで、税理士試験の会計科目でも簿記論とではここが大きく異なります。

　会計科目の入り口は計算の学習からスタートするので計算の学習段階で理論の素地ができていればきわめて有利です。記憶の定着に有効なのは繰り返すこと。計算と理論を往復していればより多くの学習が自然とできることになります。

理論と計算は同じ？

　理論と計算には、もちろん違いがありますが、扱っている対象は同じなので、両者の相互往復が学習の効率を高めます。実際に普段は計算でしか学習していないことが理論で出題され、また、理論でしか学習していないことが計算で出題されることは本試験でもよくあるので、両方を相互に学習することができればかなり効率がよいことになります。

具体的にどうすればいいのか？

　計算と理論のリンクを図るためには、単に計算の手順を覚えるだけではなく、計算の学習の際にその根拠も合わせて学習し、理論学習の際に具体的な計算や仕訳を思い浮かべるといった相互往復を意識することが重要です。はじめは大変かもしれませんが、計算と理論の相互往復ができれば、極めて効率のよい学習を行うことができます。

　学習にあたってなぜ？という疑問を持つのも大切です。それがそのまま理論に直結します。また、理論学習の際にもその会計処理がどうなっているのかを意識することも重要でしょう。

税法との違い

　税理士試験での会計科目の先には税法科目があります。計算と理論のリンクは、税法科目でもまったく同じです。計算と理論の相互往復は税法科目でも有効であり、税理士試験の合格者であれば、受験科目で実際に有効だった経験をお持ちではないでしょうか。

次の文章の空欄に適切な語句を記入し、**各文章にタイトルを付しなさい。**

1. 売買目的有価証券は（ ① ）の変動を目的として保有する有価証券であり、投資者に有用な情報は（ ① ）であるため、期末（ ① ）を貸借対照表価額とする。また、評価差額は財務活動の（ ② ）であるため、当期の（ ③ ）とする。

2. 満期保有目的の債券については、元本の返済額及び利息の支払額という将来キャッシュ・フローが（ ④ ）しており、市場金利の変動による価格変動（ ⑤ ）を考慮する必要がないため（ ⑥ ）で評価する。ただし、（ ⑦ ）と額面金額とが異なる場合の差額が（ ⑧ ）のときは、償却原価法を適用する。

3. 子会社株式及び関連会社株式は、それぞれ企業支配や影響力の行使を目的としており、事実上の（ ⑨ ）に該当するため（ ⑥ ）で評価する。

4. その他有価証券について、投資者に有用なのは期末（ ① ）であり、期末（ ① ）を貸借対照表価額とするが、売却には事業遂行上等の（ ⑩ ）があるため、評価差額は当期の損益とはせず、純資産の部に計上する。

☆
☆☆
☆

問題
2

金融商品

次の文章の正否を〇×で示し、×の場合はその理由を述べること。

1. 満期保有目的の他社の社債を額面より低い価額で購入した場合は、毎期末に、額面金額との差額について償却原価法を適用しなければならない。

2. 個別財務諸表において、子会社株式を原則として取得原価で評価するのはこれが通常の金融投資と同様の性格を有するためである。

3. その他有価証券の時価評価差額の処理方法には、全部純資産直入法と部分純資産直入法があるが、部分純資産直入法は保守主義を根拠とする。

4. キャッシュ・フロー見積法とは、債権の元本の回収及び利息の受取りに係るキャッシュ・フローを合理的に見積もることができる債権につき、債権の元本及び利息について元本の回収及び利息の受取りが見込まれるときから当期末までの期間にわたり市場利子率で割り引いた金額の総額と債権の帳簿価額との差額を貸倒見積高とする方法をいう。

☆

1．売買目的有価証券の期末評価と評価差額の取扱い
　①時価　②成果　③損益
　☞解説：金融商品に関する会計基準 15、70

2．満期保有目的の債券の期末評価と償却原価法の適用
　④確定　⑤リスク　⑥取得原価　⑦取得価額　⑧金利の調整
　☞解説：金融商品に関する会計基準 16、71

3．子会社株式及び関連会社株式の期末評価
　⑨事業投資
　☞解説：金融商品に関する会計基準 17、73 ～ 75

4．その他有価証券の期末評価と評価差額の取扱い
　⑩制約
　☞解説：金融商品に関する会計基準 18、77

解答 1

解答 2

1．×（理由：取得価額と額面金額との差額が金利の調整である場合に限られる。）
　☞基準：金融商品に関する会計基準 注 5

2．×（理由：金融投資⇒事業投資）
　☞基準：金融商品に関する会計基準 73、74

3．○
　☞基準：金融商品に関する会計基準 80

4．×（理由：市場利子率⇒当初の約定利子率）
　☞基準：金融商品に関する会計基準 28（2）

穴埋め

短答

○×

総合

8

1．売買目的有価証券を時価評価する理由は？（　　　　　　）
2．売買目的有価証券の評価差額を損益とする理由は？（　　　　　　）

3．満期保有目的の債券の貸借対照表価額は？（　　　　　）
4．満期保有目的の債券を時価評価しない理由は？（　　　　　　）
5．償却原価法が適用される条件は？（　　　　　　　）
6．償却原価法の種類は？原則（　　　　）例外（　　　　）
7．子会社株式を取得原価で評価する理由は？（　　　　　　）

8．その他有価証券を時価評価する理由は？（　　　　）
9．その他有価証券の評価差額を損益にしない理由は？（　　　　）
10．部分純資産直入法の根拠となる考え方は？（　　　　）

☆☆ 11．金銭債権の貸借対照表価額は？（　　　　　　　）
12．貸倒見積高の算出方法は？
（　　　　　）（　　　　　）（　　　　　）

1．空欄に該当する語句を答えなさい。
　満期保有目的の債券は、（　ア　）をもって貸借対照表価額とする。ただし、債券を債券金額より低い価額又は高い価額で取得した場合において、（　イ　）と債券金額との差額の性格が（　ウ　）と認められるときは、償却原価法に基づいて算定された価額をもって貸借対照表価額としなければならない。
　ア（　　　　　）イ（　　　　　）ウ（　　　　　）

2．満期保有目的の債券が時価評価されない理由を述べなさい。
　（　　　　　　　　　　　　　　　　　　　　　　　　
　　　　　　　　　　　　　　　　　　　　　　　　　　）

3．企業が発行する社債が時価評価されない理由を述べなさい。
　（　　　　　　　　　　　　　　　　　　　　　　）

☆☆ 4．下線部の償却原価法における原則法の名称とその内容を簡記しなさい。
　名称（　　　）内容（　　　　　　　　　　　　　　　　
　　　　　　　　　　　　　　　　　　　　　　　　　　）

解答
3

1．売買目的有価証券を時価評価する理由は？（有用だから）

2．売買目的有価証券の評価差額を損益とする理由は？（成果だから）

3．満期保有目的の債券の貸借対照表価額は？（取得原価）

4．満期保有目的の債券を時価評価しない理由は？（将来キャッシュ・フローが固定しているから）

5．償却原価法が適用される条件は？（取得差額が金利の調整であること）

6．償却原価法の種類は？原則（利息法）例外（定額法）

7．子会社株式を取得原価で評価する理由は？（事業投資だから）

8．その他有価証券を時価評価する理由は？（有用だから）

9．その他有価証券の評価差額を損益にしない理由は？（売却に制約がある）

10．部分純資産直入法の根拠となる考え方は？（保守主義）

11．金銭債権の貸借対照表価額は？（取得価額－貸倒引当金）

12．貸倒見積高の算出方法は？
（貸倒実績率法）（キャッシュ・フロー見積法）（財務内容評価法）

解答
4

1．ア（取得原価）イ（取得価額）ウ（金利の調整）

☞解説：金融商品に関する会計基準 16

2．（将来キャッシュ・フローが確定し、価格変動リスクを認める必要がないためである。）

☞解説：満期保有目的の債券を保有する狙いは、満期までの利息及び元本の受取りにあります。満期までの間に金利が変動することにより時価が変動してもそれを評価に反映させません（金融商品に関する会計基準 71）。

3．（社債の清算に事業遂行上等の制約があるためである。）

☞解説：負債としての発行社債は、市場での時価が把握できるが、そもそも時価での清算を意図しておらず、また、事業を継続するのであれば、社債を清算することはできず、時価評価はしません（金融商品に関する会計基準 67）。

4．名称（利息法）内容（利息法とは、取得価額と額面金額との差額を償還期間にわたって複利を加味して配分する方法をいう。）

☞解説：金融商品に関する会計基準 注5

問題5

金融商品

次の文章の空欄に適切な語句を記入し、**各文章にタイトルを付しなさい。**

1. 金融資産は、（ ① ）に対する情報提供、（ ② ）の財務認識、国際的調和化という３つの視点から基本的には（ ③ ）で評価する。しかし、すべての金融資産が（ ③ ）で評価されるわけではなく、市場が存在せず、また、売却に事業遂行上の（ ④ ）がある場合は、（ ③ ）で評価しない。

2. 金融資産及び金融負債は、その契約締結時から（ ③ ）の変動リスクと信用リスクを負うため契約締結時にその（ ⑤ ）を認識する。

3. 金融資産の消滅の認識に関する考え方には、（ ⑥ ）と（ ⑦ ）がある。（ ⑥ ）とは金融資産のほとんど全てのリスクと経済価値が移転した場合のみ権利に対する支配の移転を認める考え方であり、（ ⑦ ）は、財務構成要素の部分的な移転を認める考え方である。（ ⑥ ）では、取引の経済的効果を財務諸表に反映できないため金融資産の消滅の認識に関しては、（ ⑦ ）が採用されている。

☆
☆
☆

問題6

金融商品

次の文章の正否を○×で示し、×の場合はその理由を述べること。

1. 売掛金は金融資産に該当せず、契約締結時ではなく、資産の譲渡等があった時点でその発生を認識する。

2. 金融資産の属性及び保有目的に鑑み実質的に価格変動リスクを認める必要がない場合や直ちに売買・換金を行うことに事業遂行上等の制約等がある場合に、このような保有目的等を考慮せずに時価評価を行うことは、必ずしも、企業の財政状態及び経営成績を適切に反映させることにはならない。

3. 金融資産または金融負債がその消滅の認識要件を充たした場合は、当該金融資産または金融負債の消滅を認識するとともに、帳簿価額とその対価としての受払額との差額を各期の損益として処理する。

4. デリバティブ取引により生じる正味の債権及び債務は、金融投資に該当するのであるから、時価で評価するが、評価差額は純資産の部に記載される。

☆

85

1．金融資産の時価評価の視点と時価評価されない金融資産
　①投資者　②企業　③時価　④制約
　☞解説：金融商品に関する会計基準64、65

2．金融資産及び金融負債の発生の認識とその理由
　⑤発生
　☞解説：金融商品に関する会計基準7、55

3．金融資産の消滅の認識方法
　⑥リスク・経済価値アプローチ　⑦財務構成要素アプローチ
　☞解説：金融商品に関する会計基準57

1．×（理由：売掛金は金融資産に該当する。）
　☞基準：金融商品に関する会計基準4、注3

2．○
　☞基準：金融商品に関する会計基準66

3．×（理由：各期⇒当期）
　☞基準：金融商品に関する会計基準11

4．×（理由：デリバティブ取引により生じる正味の債権及び債務の評価
　　　　差額は当期の損益とされる。）
　☞基準：金融商品に関する会計基準25、88

問題 7

金融商品

1. 金融資産を4つ示せ。（　　　　　　　　　　　　　　　　　　　）

2. 金融資産の特徴は？
　（　　　　　　　　　　　　　　　　）（　　　　　　　　　　　）

3. 金融資産を時価評価すべき視点は？
　（　　　　　）（　　　　　　　　）（　　　　　　）

4. 金融負債を2つ示せ。（　　　　　　　　　　　　　　　）

5. 金銭債務の評価額とその理由は？
　（　　　　　　　　　　　　　　　　　　　　　）

6. 金融資産の発生の認識を行うのはいつか？（　　　　　　　）

7. 金融資産にあるリスクは？（　　　　　　　　　　　　　）

8. 金融資産の消滅の認識が行われる場合を示せ。（　　　　　　
　　　　　　　　　　　　　　　　　　　　　　　　　　　　　）

☆☆
9. 金融資産の消滅の認識での権利に対する支配の移転の考え方を2つ示
　せ。（　　　　　　　　　　　　）（　　　　　　　　　　　　）

10. 財務構成要素アプローチが採用される理由は？
　（　　　　　　　　　　　　　　　　　　　）

問題 8

金融商品

1. 空欄に該当する語句を答えなさい。

　金融資産の契約上の権利を生じさせる（　ア　）したときは、原則として、当該金融資産の発生を認識しなければならない。

　金融資産の契約上の権利を行使したとき、権利を喪失したとき又は権利に対する支配が他に移転したときは、当該金融資産の（　イ　）を認識しなければならない。

　ア（　　　　　　）イ（　　　　　）

2. 金融資産の発生の認識が(ア)の時点で行われる理由を簡潔に述べなさい。
　（　　　　　　　　　　　　　　　　　　　　　　　　　）

3. 金融資産の消滅の認識に関する考え方を2つあげ（基準で採用される方法を名称①に示すこと）、基準での採用理由を述べなさい。

　名称①（　　　　　　　　　　）名称②（　　　　　　　　　）

☆☆☆
　理由（　　　　　　　　　　　　　　　　　　　　　　　　）

1．金融資産を4つ示せ。（現金預金、金銭債権、有価証券、デリバティブ資産）

2．金融資産の特徴は？
（市場で客観的な時価を把握できる）（時価で換金等できる）

3．金融資産を時価評価すべき視点は？
（投資情報）（企業の財務認識）（国際的調和化）

4．金融負債を2つ示せ。（金銭債務、デリバティブ負債）

5．金銭債務の評価額とその理由は？
（債務額、時価がなく市場での清算が困難だから）

6．金融資産の発生の認識を行うのはいつか？（契約締結時）

7．金融資産にあるリスクは？（時価の変動リスク、信用リスク）

8．金融資産の消滅の認識が行われる場合を示せ。（権利を行使した場合、権利を喪失した場合、権利に対する支配が他に移転した場合）

9．金融資産の消滅の認識での権利に対する支配の移転の考え方を2つ示せ。（財務構成要素アプローチ）（リスク・経済価値アプローチ）

10．財務構成要素アプローチが採用される理由は？
（取引の経済効果を財務諸表に表示するため）

解答 7

1．ア（契約を締結）　イ（消滅）
☞解説：金融商品に関する会計基準7、8

2．（契約の締結時点から時価の変動リスクと信用リスクが生じるため）
☞解説：商品等の実物資産の発生の認識は契約の履行時に行うが（金融商品に関する会計基準注3）、契約の締結時から時価の変動リスクや信用リスクが生じる金融資産・負債の発生の認識は契約の締結時に行います（金融商品に関する会計基準55）。

3．名称①（財務構成要素アプローチ）名称②（リスク・経済価値アプローチ）
理由（リスク・経済価値アプローチでは取引の経済効果を財務諸表に反映できないため）
☞解説：資産の消滅の認識には、その資産から生ずるリスクと経済価値のすべての移転を機に消滅を認識するリスク・経済価値アプローチと財務構成要素ごとに消滅を認識する財務構成要素アプローチがあります。金融資産の消滅の認識は取引の実質的な経済効果を反映する財務構成要素アプローチによります（金融商品に関する会計基準57）。

解答 8

Chapter 9 減価償却

9-1 有形固定資産の取得原価① ★★☆

　有形固定資産の取得原価は、購入では購入代価に付随費用を加算した金額であり、自家建設では製造原価である。

　借入金の利子は原則として期間費用であるが、有形固定資産の自家建設に係る借入資本の利子のうち稼働前の期間に属するものは稼働後の固定資産から生ずる収益との対応を根拠として取得原価に含めることができる。

9-2 有形固定資産の取得原価② ★★☆

　現物出資時の有形固定資産の取得原価は、取得した資産と交付した株式の時価のいずれか信頼性の高い金額とする。

　贈与による場合は贈与時の時価である。

　同種資産の交換では、投資が継続しているため譲渡資産の帳簿価額を引き継ぎ、異種資産の交換では、投資は継続しておらず、譲渡資産の時価とする。

9-3 減価償却の意義と目的 ★★★

減価償却は、有形固定資産の取得原価の費用配分を意味する。

減価償却の目的は適正な期間損益計算にある。

計画的・規則的な減価償却を正規の減価償却という。

有形固定資産の取得原価の費用配分手続きである減価償却について学習します。

9-4 減価償却の効果 ★★★

減価償却の効果には、固定資産の流動化と自己金融効果がある。

固定資産の流動化とは、減価償却を通じて固定資産に投下された資金が貨幣性資産として回収される効果である。

自己金融効果とは、減価償却費が支出を伴わない費用であるため減価償却費相当額の取替資金が蓄積される効果である。

9-5 減価償却の配分基準 ★★☆

減価償却の配分基準には、利用を基準とした方法（生産高比例法）と期間を基準にした方法（定額法等）がある。

生産高比例法は用役提供に比例した減価償却ができるが、用役提供の総量を把握できなければ適用できない。

9-6 減価償却方法とその変更及び臨時損失 ★☆☆

減価償却方法には、毎期均等額の減価償却費を計上する定額法と毎期期首未償却残高に一定割合を乗じた減価償却費を計上する定率法等がある。

減価償却方法の変更は、会計方針の変更であるが、遡及適用はせず、変更時以後の償却計算を変更する。

臨時損失は、災害等による物理的滅失部分等について帳簿価額を切り下げることをいう。

9-7 取替法と減耗償却 ★☆☆

取替法とは、取替資産に適用される取替費用を収益的支出とする方法である。

減耗償却とは、減耗性資産の物理的な減少部分を収益的支出とする方法である。

次の文章の空欄に適切な語句を記入し、**各文章にタイトルを付しなさい。**

減価償却

1．有形固定資産の（ ① ）をその利用期間（耐用年数）にわたり（ ② ）する手続が減価償却である。減価償却の目的は、有形固定資産の（ ① ）を（ ② ）することにより適正な期間（ ③ ）を行うことにある。

2．有形固定資産の減価償却方法には、（ ④ ）を配分基準とする方法と（ ⑤ ）を配分基準とする方法がある。理論的には、固定資産の（ ⑥ ）提供に比例した費用を計上する後者が望ましいが、（ ⑥ ）の提供の総量の把握は困難な場合が多く、一般に前者が採用されている。

3．減価償却の目的は、有形固定資産の取得原価の（ ② ）を通じた適正な期間（ ③ ）にあるが、（ ⑦ ）と（ ⑧ ）という2つの経済的効果を有する。（ ⑦ ）とは、固定資産に投下された資金が貨幣性資産として回収されることにより、流動化することをいい、（ ⑧ ）とは、減価償却費が（ ⑨ ）を伴わない費用であるため、同額の取替資金が企業内部に留保される効果をいう。

☆
☆☆
☆

次の文章の正否を○×で示し、×の場合はその理由を述べること。

減価償却

1．減価償却の目的は費用配分を通じた適正な期間損益計算にあるが、有形固定資産の取替資金の留保も同時にその目的としている。

2．減価償却は固定資産の原価配分手続であり、その基礎にある費用配分の原則は、企業会計の基礎的な仮定である継続企業の公準から導き出される。

3．減価償却資産の貸借対照表価額は、取得原価から減価償却累計額および減損損失累計額を控除した残額であり、いわば有形固定資産の取得に要した支出額のうち未だ費用として配分されていない金額を意味している。

4．有形固定資産の減価償却方法には、期間を配分基準とする方法と生産高（利用高）を配分基準とする方法がある。理論的には、固定資産の用役提供に比例した費用を計上する前者が望ましいが、これを把握することは困難な場合が多く、一般的には、後者が採用されている。

☆

解答
1

1．減価償却の意義と目的

①取得原価　②費用配分　③損益計算

☞解説：企業会計原則 第三 五、連続意見書第三 第一 一、二

2．減価償却の配分基準

④期間　⑤生産高（利用高）　⑥用役

☞解説：減価償却における理論的な配分基準は、生産高（利用高）です。しかし、その把握は困難な場合が多く、むしろ期間を基準とした費用配分方法としての減価償却が一般的です（連続意見書第三 第一 五、六）。

3．減価償却の効果

⑦固定資産の流動化　⑧自己金融効果　⑨現金支出

☞解説：固定資産の流動化及び自己金融効果もともに、減価償却を行う目的ではなく、その経済的な効果である点に注意しましょう。

穴埋め

短答

9

解答
2

1．× （理由：取替資金の留保は目的ではなく効果である。）

2．○

☞解説：継続企業の公準では、企業活動の恒久的な継続を前提としますが、企業の活動が継続する以上、会計計算も期間を区切って行われる必要があります。このため継続企業の公準は、会計期間の公準とも呼ばれます。期間計算の前提の下に収入や支出を収益や費用として配分することにより期間損益計算が行われます。過去の支出額（取得原価）を費用と資産に配分する手続が費用配分であり、適正な費用配分を要求するのが費用配分の原則です。この原則の下における有形固定資産の取得原価の費用配分手続が減価償却です。

3．○

4．× （理由：前者と後者が逆）

○×

総合

1．減価償却とは？（　　　　　　　　　　　　　　　　）
2．計画的・規則的な減価償却を何と呼ぶか？（　　　　　　）
3．減価償却の目的は？（　　　　　　　　）
4．減価償却の効果は？（　　　　　　　　）（　　　　　　）

5．減価償却における配分基準は？（　　　　　）（　　　　　）
6．期間を配分基準とした償却方法は？（　　　　）（　　　　）（　　　　　）
7．生産高（利用高）を配分基準とした償却方法は？（　　　　　　）

8．購入した有形固定資産の取得原価は？（　　　　　　　　　）
9．製造した有形固定資産の取得原価は？（　　　　　　　）
10．原価算入できる借入金利子は？（　　　　　　　　　　　　）
11．贈与により取得した資産の取得原価は？（　　　　　　　）
☆
☆
12．異種資産との交換による取得原価は？（　　　　　　　　）
13．同種資産との交換による取得原価は？（　　　　　　　　）

問題
4

減価償却

1．空欄に該当する語句を答えなさい。

　貸借対照表に記載する資産の価額は、原則として、当該資産の（　ア　）を基礎として計上しなければならない。

　資産の（　ア　）は、資産の種類に応じた（　イ　）によって、各事業年度に配分しなければならない。有形固定資産は、当該資産の耐用期間にわたり、定額法、定率法等の一定の（　ウ　）によって、その（　ア　）を各事業年度に配分しなければならない。

　ア（　　　　　）イ（　　　　　　　　）ウ（　　　　　　　）

2．同種及び異種固定資産の交換における空欄アを簡潔に述べなさい。

　同種固定資産の場合（　　　　　　　　　　　　）
　異種固定資産の場合（　　　　　　　　　　　　）

3．下線部の配分基準を2つ示し、具体的方法名を1つずつ示しなさい。

☆
☆
　①配分基準 a（　　　）　具体的方法（　　　　　　）
　②配分基準 b（　　　）　具体的方法（　　　　　　）

解答
3

1. 減価償却とは？（有形固定資産の取得原価の費用配分）
2. 計画的・規則的な減価償却を何と呼ぶか？（正規の減価償却）
3. 減価償却の目的は？（適正な期間損益計算）
4. 減価償却の効果は？（固定資産の流動化）（自己金融効果）

5. 減価償却における配分基準は？（期間）（生産高）※利用高
6. 期間を配分基準とした償却方法は？（定額法）（定率法）（級数法）
7. 生産高（利用高）を配分基準とした償却方法は？（生産高比例法）

8. 購入した有形固定資産の取得原価は？（購入代価＋付随費用）
9. 製造した有形固定資産の取得原価は？（製造原価）
10. 原価算入できる借入金利子は？（自家建設で稼働前の期間対応分）
11. 贈与により取得した資産の取得原価は？（取得資産の時価）
12. 異種資産との交換による取得原価は？（譲渡資産の時価）
13. 同種資産との交換による取得原価は？（譲渡資産の帳簿価額）

9

解答
4

1. ア（取得原価）　イ（費用配分の原則）　ウ（減価償却の方法）
　☞解説：企業会計原則 第三 五

2. 同種固定資産の場合（譲渡資産の帳簿価額）
　異種固定資産の場合（譲渡資産の時価）
　☞解説：有形固定資産を同種資産との交換で取得した場合は、交換以前に保有していた同種資産への投資は継続しており、譲渡資産の帳簿価額を取得資産の取得原価として引き継ぎます。これに対して、譲渡資産が取得資産と異なる資産である場合は、譲渡資産に対する投資はいったん清算されるため、譲渡資産の時価を取得資産の取得原価とします。連続意見書 第三 第一 四 4参照。

3. ①配分基準 a　（期間）※耐用年数 具体的方法（定額法）※定率法、級数法
　②配分基準 b　（生産高）具体的方法（生産高比例法）
　☞解説：連続意見書 第三 第一 五、六

次の文章の空欄に適切な語句を記入し、各文章にタイトルを付しなさい。

減価償却

1．借入金の利子は（ ① ）上の費用であり、通常、固定資産の（ ② ）に算入されない。しかし、自家建設した固定資産の取得に要する借入金の利子のうち稼働前の期間に属する部分については、（ ③ ）との対応関係が存在しないことが明らかであり、固定資産の稼働後の収益と対応させるため、固定資産の（ ② ）に算入したうえで、これを（ ④ ）することができる。

2．有形固定資産を交換により取得した場合は、その取得資産の種類及び用途により（ ② ）は異なる。取得資産が提供資産と同種・同用途である場合は、提供資産の（ ⑤ ）を引き継ぐが、取得資産と提供資産が異なる種類・用途である場合は、譲渡資産の（ ⑥ ）を（ ② ）とする。

3．減価償却とは異なる有形固定資産の費用配分方法に（ ⑦ ）と（ ⑧ ）がある。（ ⑦ ）は取替資産の取替えに要する支出を（ ⑨ ）支出とする方法であり、（ ⑧ ）は減耗性資産の物理的な減少に着目した費用配分方法である。

☆
☆☆
☆

次の文章の正否を○×で示し、×の場合はその理由を述べること。

減価償却

1．有形固定資産の贈与を受けたとき、公正な評価額を取得原価とする場合と取得原価をゼロとする場合を比べると、贈与された期間の損益だけでなく、企業が存続する全体期間の損益にも違いが生ずる。

2．生産高比例法は、期間を配分基準とする方法と異なり、生産高（利用高）に比例した償却を行う方法であり、航空機・自動車・埋蔵資源等の限定された有形固定資産に適用される方法である。

3．同種の物品が多数集まって一つの全体を構成し、老朽品の部分的取替を繰り返すことにより全体が維持されるような固定資産については、部分的取替に要する取替費用を資本的支出として処理する方法を採用することができる。

4．固定資産を無償で取得した場合の取得原価は取得資産の時価であるが、時価100万円の資産を1円で取得した場合の取得原価は1円である。

☆

1. 自家建設の場合の借入金利子の取扱い

①財務 ②取得原価 ③収益 ④費用配分

☞解説：連続意見書第三 第一 四 2

2. 固定資産を交換により取得した場合の取得原価

⑤帳簿価額 ⑥時価（公正な評価額）

☞解説：連続意見書第三 第一 四 4

3. 取替法と減耗償却

⑦取替法 ⑧減耗償却 ⑨収益的

☞解説：連続意見書第三 第一 六 2、七

解答 5

穴埋め

短答

9

---

1. ×（理由：全体期間の損益に違いは生じない。）

☞解説：企業のキャッシュ・フローはゼロであり、全体期間の損益も通算ではいずれもゼロになります。

2. ×（理由：埋蔵資源は、減耗性資産であり、減耗償却が適用される。）

☞基準：連続意見書第三 第一 六 2

3. ×（理由：資本的支出⇒収益的支出）

☞基準：連続意見書第三 第一 七

4. ×（理由：時価よりも著しく低い金額での取得であるため時価を取得原価とすべきである。）

解答 6

○×

総合

1. 減価償却の経済的効果は？（　　　　　　　）（　　　　　　　　）
2. 自己金融効果とは？（　　　　　　　　　　　　　　　　　）
3. 固定資産の流動化とは？（　　　　　　　　　　　　　　　　　　　）

4. 自家建設により取得した固定資産の借入金利子を取得原価に算入することができる根拠となる原則は？（　　　　　　　　　　　）
5. 同種・同用途資産の交換時に帳簿価額を引き継ぐ理由は？
　（　　　　　　　　　　　　　）

6. 期間を配分基準とする減価償却方法を保守主義的な順に示せ。
　（　　　　　⇒　　　　　⇒　　　　　）

7. 取替法とは？（　　　　　　　　　　　　　　　　　）
8. 減耗償却とは？（　　　　　　　　　　　　　　　　　　）
9. 減耗償却と同様の手続をとる減価償却方法は？（　　　　　　　）

☆
☆

---

1. **空欄に該当する語句を答えなさい。**
　減価償却は、（　ア　）の原則に基づいて有形固定資産の取得原価をその耐用期間における各事業年度に配分することである。
　減価償却の最も重要な目的は、適正な（　ア　）を行うことによって、毎期の（　イ　）を正確に行うことにある。このためには、<u>減価償却は所定の減価償却方法に従い、計画的、規則的に実施されなければならない。</u>
　ア（　　　　　）イ（　　　　　）

2. **下線部の減価償却の一般的な名称を示しなさい。**
　（　　　　　　　）

3. **次の手続等のうち解答欄に該当するものをそれぞれ番号で示しなさい。**
　①定額法　②定率法　③級数法　④生産高比例法　⑤減耗償却　⑥臨時損失
　減価償却手続　　　　　　　　　　　　　（　　　　　　）
　生産高や用役の提供に比例した費用配分手続　（　　　　　　）
　期間を基準とした費用配分手続　　　　　（　　　　　　）

☆
☆
☆

解答 7

1. 減価償却の経済的効果は？（自己金融効果）（固定資産の流動化）
2. 自己金融効果とは？（減価償却費相当額の取替資金の留保効果）
3. 固定資産の流動化とは？（固定資産に投下した資金の回収による流動化）

4. 自家建設により取得した固定資産の借入金利子を取得原価に算入することができる根拠となる原則は？（費用収益対応の原則）
5. 同種・同用途資産の交換時に帳簿価額を引き継ぐ理由は？（投資が継続しているから）

6. 期間を配分基準とする減価償却方法を保守主義的な順に示せ。（定率法⇒級数法⇒定額法）

7. 取替法とは？（取替資産の取替費用を収益的支出とする方法）
8. 減耗償却とは？（減耗性資産の数量的な減少に着目した費用配分方法）
9. 減耗償却と同様の手続をとる減価償却方法は？（生産高比例法）

9

解答 8

1. ア（費用配分）　イ（損益計算）
　☞解説：連続意見書第三 第一 一、二

2. （正規の減価償却）
　☞解説：連続意見書第三 第一 二

3. 減価償却手続　　　　　　　　　　　　　　（①、②、③、④）
　生産高や用役の提供に比例した費用配分手続　（④、⑤　　　）
　期間を基準とした費用配分手続　　　　　　（①、②、③　）
　☞解説：連続意見書第三 第一 五～七

Chapter 10 引当金

10-1 負債の定義 ★★★

負債とは、過去の取引または事象の結果として報告主体が支配している経済的資源を引き渡す義務をいう。

10-2 負債の分類 ★★☆

負債は、企業の支払能力を示す観点から正常営業循環基準と1年基準により、流動負債と固定負債に分類される。

負債は、その性格により債務（確定債務と条件付債務）と非債務に分類される。

10-3 引当金の意義と計上目的 ★★★

引当金は、将来の特定の費用又は損失を当期に見積計上する際に設定される貸方項目である。

引当金を計上する目的は適正な期間損益計算を行うことにあり、費用認識の結果、負債が計上されるという因果関係がある。

10-4 引当金の設定要件 ★★★

引当金は、①将来の特定の費用又は損失であること、②その発生が当期以前の事象に起因すること、③発生の可能性が高いこと、④その金額を合理的に見積ることができることをその設定要件とする。

期間損益計算の適正化の見地から設定される引当金について学習します。

10-5　引当金の計上根拠　　　　　　　★★★

　引当金は将来の特定の費用又は損失に対するものであり、経済価値の費消はなく、原因発生主義や費用収益対応の原則を根拠とする。

　損失性引当金は、保守主義を根拠とする。

10-6　引当金の分類　　　　　　　　　★★☆

　引当金は貸借対照表の表示の観点から負債の部に表示される負債性引当金と資産の部に表示される評価性引当金に区分される。

　引当金は損益計算書の繰入額の性格の観点から費用性引当金、損失性引当金に区分される。

10-7　修繕引当金　　　　　　　　　　★★☆

　修繕引当金は、収益との対応を図るために当期の負担に属する費用を計上するための貸方項目であり、債務ではない引当金である。

　操業停止や対象設備の廃棄により修繕は不要となるため、修繕引当金は経済的資源を引き渡す義務としての負債に該当しない。

10-8　引当金と類似概念　　　　　　　★☆☆

　引当金と未払費用は、期間損益計算目的で計上される点が共通するが、計算の基礎となる金額が確定しているか否か、引当金と積立金は損益計算との関係が、引当金と偶発債務は発生の可能性が、減価償却累計額は既発生か否かがそれぞれ異なる。

次の文章の空欄に適切な語句を記入し、各文章にタイトルを付しなさい。

引当金

1. 引当金は将来の特定の費用や損失を当期に計上する際に設定される（①）項目であり、その設定目的は適正な期間（②）にある。将来の費用や損失を先取りし、当期に費用計上するために設定されるのが引当金であり、その計上は広義の（③）に該当する。

2. 引当金は将来事象に対するものであり、その設定要件は厳格に定められている。将来の（④）の費用又は損失に対するものであること、その（⑤）が当期以前の事象に起因すること、（⑤）の可能性が高いこと、金額の合理的な見積りが可能なこと、という要件を充足した場合に限り、将来の費用又は損失のうち当期に負担する金額を費用計上するために引当金が設定される。

3. 引当金の計上根拠となる損益計算書原則には費用収益対応の原則と発生主義がある。一般的な意味での発生主義は、経済価値の（⑥）に費用（⑦）の根拠を求めるが、引当金ではその（⑧）発生を含めて理解される。

☆
☆☆
☆

次の文章の正否を○×で示し、×の場合はその理由を述べること。

引当金

1. 引当金の計上は適正な期間損益計算を目的としており、負債性引当金であれば貸借対照表の負債の部に記載される金額を決定することにより、同額が損益計算書に費用として計上される。

2. 費用配分の原則は、狭義には費用性資産の取得原価、つまり過去支出の将来への配分（原価配分）を意味するが、将来支出を過去にさかのぼり費用として計上する引当金の設定も広義には費用配分の原則の適用といえる。

3. 将来の特定の費用又は損失であって、その発生が当期以前の事象に起因し、発生の可能性が高く、かつ、その金額を合理的に見積ることができる場合には、引当金を計上することができる。

4. 本社社屋に火災保険を付す代わりに、火災損失に備えて、毎年保険料相当額を費用として自家保険引当金に繰入れる処理は妥当である。

☆

1．引当金の意義と設定目的
　①貸方　②損益計算　③費用配分

2．引当金の計上要件と引当金の設定
　④特定　⑤発生

3．引当金の計上根拠としての損益計算書原則
　⑥費消　⑦認識　⑧原因

　☞解説：企業会計原則　注18

解答
1

穴埋め　短答

10

解答
2

1．×（理由：引当金は期間損益計算目的で設定されるものであり、費用
　　　額を計上した結果として引当金が計上されるという関係がある。）
　☞基準：企業会計原則　注18

2．○
　☞補足：なお、資産の取得原価の費用配分（狭義）には該当しません。

3．×（理由：引当金は計上しなければならない。）
　☞基準：企業会計原則　注18

4．×（理由：発生が当期以前の事象に起因しておらず、発生の可能性が
　　　高くなく、金額の合理的な見積りもできないため引当金を設定す
　　　ることはできない。）
　☞基準：企業会計原則　注18

○×　総合

1．引当金とは？（　　　　　　　　　　　　　　　　　　　　　　）

2．引当金計上の目的は？（　　　　　　　　　　　　　）

3．引当金の計上根拠としての損益計算書原則を2つ示せ。

　①（　　　　　　　　　）②（　　　　　　　　　　）

4．引当金の設定根拠となる発生主義の原則における発生の意味は？

　①狭義（　　　　　　　　　）②広義（　　　　　　　　　　　　　）

5．損益計算書原則以外の引当金の計上根拠は？（　　　　　）

6．引当金の設定要件を4つ示せ。

　①（　　　　　　　　　　　　　　　　　　　　　）

　②（　　　　　　　　　　　　　　　　　　　　　）

　③（　　　　　　　　　　　　　　　　　　　　　）

　④（　　　　　　　　　　　　　　　　　　　　　）

7．引当金を貸借対照表の表示面から2つに分けよ。

　①（　　　　　　　）②（　　　　　　　）

1．空欄の語句を答えなさい。

　（　ア　）の特定の費用又は損失であって、その発生が（　イ　）の事象に起因し、発生の可能性が高く、かつ、その金額を合理的に見積ることができる場合には、（　ウ　）の負担に属する金額を（　ウ　）の費用又は損失として引当金に繰入れ、当該引当金の残高を貸借対照表の負債の部又は資産の部に記載するものとする。

　　ア（　　　　　）イ（　　　　　　）ウ（　　　　　）

2．引当金の設定根拠となる発生主義における発生の意味を狭義と広義に分けて、簡潔に述べなさい。

　　狭義（　　　　　　　　　　　　　）

　　広義（　　　　　　　　　　　　　）

3．1の下線部に記載される引当金を2つ示しなさい。

　　①（　　　　　　　　）②（　　　　　　　　）

解答 **3**

1. 引当金とは？（将来の特定の費用・損失を見積計上する際の貸方項目）
2. 引当金計上の目的は？（期間損益計算の適正化）
3. 引当金の計上根拠としての損益計算書原則を2つ示せ。
   ①（発生主義の原則）　②（費用収益対応の原則）
4. 引当金の設定根拠となる発生主義の原則における発生の意味は？
   ①狭義（経済価値の費消）　②広義（経済価値の費消とその原因の発生）
5. 損益計算書原則以外の引当金の計上根拠は？（保守主義）

6. 引当金の設定要件を4つ示せ。
   ①（将来の特定の費用又は損失であること）
   ②（その発生が当期以前の事象に起因すること）
   ③（発生の可能性が高いこと）
   ④（その金額を合理的に見積もることができること）

7. 引当金を貸借対照表の表示面から2つに分けよ。
   ①（評価性引当金）　②（負債性引当金）

10

解答 **4**

1. ア（将来）　イ（当期以前）　ウ（当期）
   ☞解説：企業会計原則　注18

2. 狭義（経済価値の費消）
   広義（経済価値の費消とその原因発生）
   ☞解説：引当金の設定を指示する発生主義の原則における発生は、狭義には経済価値の費消を意味し、広義には経済価値の費消とその原因の発生を意味します。

3. ①（貸倒引当金）　②（投資損失引当金）
   ☞解説：評価性引当金には、貸倒引当金の他に投資損失引当金があります。投資損失引当金は、子会社株式等について減損処理を行う程度には時価が下落していないものの時価下落の程度が著しいとき（企業が自主的に決定）に設定される引当金です。監査委員会報告第71号「子会社株式等に対する投資損失引当金に係る監査上の取扱い」参照。

次の文章の空欄に適切な語句を記入し、**各文章にタイトルを付しなさい。**

1. 引当金は、貸借対照表の表示の観点から（ ① ）性引当金と（ ② ）性引当金に区分される。このうち（ ① ）性引当金は、繰入額の性格の観点から（ ③ ）性引当金、（ ④ ）性引当金に区分される。

2. 偶発債務は発生の可能性が低い段階では（ ⑤ ）による開示を行う。発生の可能性が高く、金額の合理的な見積りが可能な段階で引当金が設定される。

3. 引当金も積立金も将来の支出に備える不特定資産の（ ⑥ ）を意味する貸方項目である点が共通する。しかし、引当金が（ ⑦ ）の過程で生じるのに対して、積立金は（ ⑦ ）後の剰余金の処分の過程で生じる点が異なる。

4. 未払費用は継続的な役務提供契約に係るものであり、（ ⑧ ）により確定した対価を基礎として計算するのに対して、引当金は（ ⑧ ）を前提とせず、支出額を合理的に見積計上する点が異なる。

次の文章の正否を○×で示し、**×の場合はその理由を述べること。**

1. 事業遂行上取引先に対してやむなく行った債務保証については、発生の可能性が高くなくても引当金を設定すべきである。

2. 引当金は、将来の特定の費用または損失に対して設定されるものであり、例えば将来の創立記念事業に係る支出に備える目的で引当金を設定することは認められない。ただし、この支出に備えるため、任意積立金を積み立てて、その金額を貸借対照表の純資産の部に表示することはできる。

解答5

1. **引当金の２つの分類**
   ①負債　②評価　③費用　④損失
   ☞解説：企業会計原則　注18

2. **偶発債務の開示**
   ⑤注記

3. **引当金と積立金の共通点と相違点**
   ⑥留保　⑦損益計算

4. **未払費用と引当金の違い**
   ⑧契約
   ☞解説：企業会計原則　注5

穴埋め　短答

10

解答6

1. ×（理由：発生の可能性が低い場合には、引当金を設定することはできない。）
   ☞基準：企業会計原則　注18

2. ○

○×　総合

1．負債性引当金を法的な視点から２つに分けよ。
　①（　　　　　　　　）②（　　　　　　　　）

2．債務でない負債性引当金を１つ示せ。（　　　　　　）

3．負債性引当金をその繰入額の性格から２つに区分せよ。
　（　　　　　　　　　）（　　　　　　　　　）

4．引当金と積立金の共通点は？（　　　　　　　　　　　）

5．引当金と積立金の相違点は？
　（　　　　　　　　　　　　　　　　　　　　　　　　）

6．未払費用と引当金の違いは？
　（　　　　　　　　　　　　　　　　　　　　　　　　）

7．偶発債務の開示方法を２つ示せ。（　　　　　　　　）

8．偶発債務の注記での開示と引当金計上との違いは？（　　　　　）

1．他社の債務保証を行い、当該他社の財政状態が健全な状態から著しく悪化していった場合を想定した財務諸表の表示の変化を時系列で示すと次のようになる。このうち①と②及び②と③の取扱いの違いをもたらす相違点を述べなさい。

　　①注記による開示　②引当金の計上　③未払金の計上

　　①と②　（　　　　　　　　　　　　　）
　　②と③　（　　　　　　　　　　　　　）

2．下記の引当金が(ア) 評価性引当金、(イ) 負債性引当金、(ウ) 債務である負債性引当金、(エ) 債務でない負債性引当金のいずれに該当するか、それぞれ番号で答えなさい（複数回答可）。

　　①修繕引当金　②貸倒引当金　③退職給付引当金　④損害補償損失引当金

　　ア（　　　　　）イ（　　　　　）ウ（　　　　　）エ（　　　　　）

1．負債性引当金を法的な視点から2つに分けよ。
　　①（債務である引当金）　②（債務でない引当金）
2．債務でない負債性引当金を1つ示せ。（修繕引当金）※特別修繕引当金
3．負債性引当金をその繰入額の性格から2つに区分せよ。
　（費用性引当金）（損失性引当金）

4．引当金と積立金の共通点は？（不特定資産の留保を意味する）
5．引当金と積立金の相違点は？
　（引当金は期間損益計算により生じ、積立金は剰余金の処分で生ずる）
6．未払費用と引当金の違いは？
　（未払費用は契約による確定金額を基礎とし、引当金は見積計上する）

7．偶発債務の開示方法を2つ示せ。（注記、引当金の計上）
8．偶発債務の注記での開示と引当金計上との違いは？（発生の可能性）

1．①と②（発生の可能性が高いか否か）
　　②と③（法的に債務が確定しているか否か）
　☞解説：企業会計原則　注18

2．ア（　②　）　イ（①、③、④）　ウ（③、④）　エ（　①　）
　☞解説：

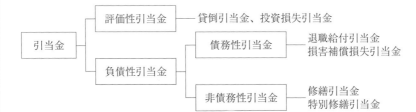

Chapter 11　繰延資産

11-1　無形固定資産の意義と表示　★☆☆

　無形固定資産は取替更新を要しないため、これに必要な金額を示す取得原価は表示せず、直接法により未償却残高のみを表示する。

11-2　のれん　★★★

　のれんとは、企業結合時に取得原価が受入純資産に配分された純額を超える金額をいう。

　のれんには対価性がある買入のれんと対価性がない自己創設のれんがある。

　会計上、認められるのは買入のれんに限られ、自己創設のれんの計上は認められない。

11-3　繰延資産の意義と範囲　★★★

　すでに代価の支払が完了し又は支払義務が確定し、これに対応する役務の提供を受けたにもかかわらず、その効果が将来にわたって発現するものと期待される費用は、次期以後の期間に配分して処理するため、経過的に貸借対照表の資産の部に記載することができる。

　だんだん肩身の狭くなってきた繰延資産。でもまだまだ出題されますよ。

11-4　繰延経理の根拠と資産性　　★★★

　将来の期間に影響する特定の費用は、経済価値の費消はすでに行われているが、その効果の発現及び将来の収益との対応関係を考慮して、資産として繰延べることができる。

　繰延資産は、静態論では売却価値がないため資産性がなく、動態論で資産性を持つ。

　資産負債観ではキャッシュの獲得に貢献するなら資産性を持つ。

11-5　繰延資産の種類　　★☆☆

　現行の繰延資産には、創立費、開業費、開発費、株式交付費、社債発行費等の5つがある。

11-6　各論　　★★★

　創立費や開業費には、継続企業を前提とした償却不要説と主として保守主義を根拠とする償却必要説がある。

　株式交付費は株主に支払われるものではなく、資金調達費としての性格が強く、これを会社業績に反映させることが投資者に有用であるため、原則として費用として処理する。

　社債発行費に利息法が適用されるのは、社債発行費も含めて資金調達費と考えられることや国際的な会計基準との整合を図るためである。

11-7　分配可能額との関係と臨時巨額の損失　　★★☆

　繰延資産は換金価値がなく、債権者保護の見地から設けられている分配可能額の計算上、考慮される。

　項目も5つに限定され、早期償却が義務付けられている。

　災害等により生じた臨時巨額の損失の資産計上が認められる場合があるが、臨時巨額の損失に資産性はなく、政策的な配慮から認められている。

次の文章の空欄に適切な語句を記入し、**各文章にタイトルを付しなさい。**

1. 狭義の発生主義による費用であるが、その（ ① ）の（ ② ）が将来の期間に及ぶため経過的に貸借対照表に資産計上された項目が繰延資産である。繰延資産は、その（ ② ）の発現という事実ないし将来の収益との（ ③ ）関係という事実に着目して繰延経理が認められている。

2. 繰延資産は、（ ④ ）を有せず、いわゆる静態論のもとでの資産性はない。期間損益計算の適正化の見地から資産計上が認められるのが繰延資産である。概念フレームワークでは、資産の本質を（ ⑤ ）の獲得への貢献と捉えており、現行制度上の繰延資産の全てが資産性を有するかは疑問であるが、（ ⑤ ）の獲得に貢献する限り、資産性が認められると考えられる。

3. 現行制度上は、株式交付費、社債発行費等、創立費、開業費、（ ⑥ ）の5項目について繰延資産の計上が認められている。

次の文章の正否を○×で示し、×の場合はその理由を述べること。

1. 将来の期間に影響する特定の費用は、その支出の効果に着目して、次期以後の期間に配分するため、経過的に貸借対照表の資産の部に記載しなければならない。

2. 繰延資産の計上は、適正な期間損益計算の観点という企業会計の論理から要請されるものであり、いわゆる静態論のもとでの換金能力という観点から財産性を有するためではない。

3. 資産の本質は、キャッシュの獲得に対する貢献と考えられる。現行制度上、資産計上が認められている繰延資産は換金（売却）価値を有していないが、キャッシュの獲得に貢献するものである限り、資産性が認められる。

4. 会社計算規則では、繰延資産を、株式交付費、社債発行費等、創立費、開業費、開発費の5項目に限定している。

1．繰延資産の意義と繰延経理の根拠
　①支出　②効果　③対応
　☞解説：企業会計原則 第三 一D、注15

2．繰延資産の資産性
　④換金価値　⑤キャッシュ
　☞解説：概念フレームワーク第3章4

3．繰延資産の種類
　⑥開発費
　☞解説：繰延資産の会計処理に関する当面の取扱い2（2）

1．×（理由：しなければならない⇒することができる）
　☞基準：企業会計原則 第三 一 D、注15

2．○

3．○

4．×（理由：会社計算規則⇒繰延資産の会計処理に関する当面の取扱い）
　☞基準：繰延資産の会計処理に関する当面の取扱い2（2）

1．繰延資産とは？（　　　　　　　　　　　　　　）

2．繰延経理の根拠は？①（　　　　　　）②（　　　　　　　　　）

3．静態論での繰延資産の資産性は？（　　　　　　　　　　　　　　）

4．動態論での繰延資産の資産性は？
　（　　　　　　　　　　　　　　　　　　　　　　　　　）

5．概念フレームワークでの繰延資産の資産性は？
　（　　　　　　　　　　　　　　　　　　　）

6．現行制度上の繰延資産を列挙せよ。
　①（　　　　）②（　　　　）③（　　　　）
　④（　　　　　）⑤（　　　　　）

7．創立費及び開業費の原則的取扱いは？（　　　　　）

☆
☆

1．空欄に該当する語句を答えなさい。
　将来の期間に影響する特定の費用は、（　ア　）の期間に配分して処理するため、経過的に貸借対照表の資産の部に記載することができる。
　「将来の期間に影響する特定の費用」とは、すでに代価の支払が完了し又は（　イ　）が確定し、これに対応する（　ウ　）を受けたにもかかわらず、<u>その効果が将来にわたって発現するものと期待される費用</u>をいう。これらの費用は、その効果が及ぶ数期間に合理的に配分するため、経過的に貸借対照表上繰延資産として計上することができる。
　ア（　　　　）イ（　　　　）ウ（　　　　）

2．下線部は、将来の期間に影響する特定の費用の繰延経理の根拠といえますが、下線部以外の繰延経理の根拠を指摘しなさい。
　（　　　　　　　　　　　　　　　　　　　　　　　）

3．現行制度上の繰延資産が資産性を有するか否かの判断基準を示しなさい。
　（　　　　　　　　　　　　　　　　　　　　　　　）

☆
☆

1．繰延資産とは？（将来に繰延べられた特定の費用）

2．繰延経理の根拠は？①（効果の発現）　②（収益との対応関係）

3．静態論での繰延資産の資産性は？（売却価値がなく、資産性はない）

4．動態論での繰延資産の資産性は？
　（期間損益計算の観点から繰延べられたものであり、資産性がある）

5．概念フレームワークでの繰延資産の資産性は？
　（キャッシュの獲得に貢献する限り、資産性がある）

6．現行制度上の繰延資産を列挙せよ。
　①（創立費）　②（開業費）　③（開発費）
　④（株式交付費）　⑤（社債発行費等）

7．創立費及び開業費の原則的取扱いは？　（営業外費用）

解答 3

1．ア（次期以後）　イ（支払義務）　ウ（役務の提供）
　☞解説：企業会計原則 第三 一 D、注15

2．（将来の収益との対応関係の考慮）
　☞解説：連続意見書第五 第一 二

3．（キャッシュの獲得に貢献するか否か）
　☞解説：繰延資産の会計処理に関する当面の取扱い2（2）

解答 4

繰延資産

次の文章の空欄に適切な語句を記入し、各文章にタイトルを付しなさい。

1．株式交付費の支出は、（　①　）取引ではなく、資金調達を行うために要するものであり、財務費用としての性格が強い。また、資金調達に要する費用を会社の（　②　）に反映させることが投資者に有用な情報を提供することになるため、株式交付費は、原則として（　③　）として処理する。ただし、これを繰延資産として計上することもできる。

2．社債発行費は原則として（　③　）として処理するが、繰延資産として計上することもできる。社債発行者にとって、社債利息以外に社債発行費も含めて（　④　）と考えることができ、国際的な会計基準における償却方法との整合性も考慮し、繰延資産として計上した社債発行費は原則として（　⑤　）により償却する。なお、継続適用を要件として（　⑥　）による償却も認められる。

☆☆☆　3．対価性を有するのれんを（　⑦　）といい、対価性を有しない企業が自ら創設したのれんを（　⑧　）という。企業会計上、その計上が認められるのは（　⑦　）のみであり、（　⑧　）は事実の開示という財務報告の目的に反し、未実現利益を計上するため認められない。

問題 6

繰延資産

次の文章の正否を○×で示し、×の場合はその理由を述べること。

1．支出の効果が期待されなくなった繰延資産も、適正な期間損益計算を行うためには、規則的な償却を継続する必要がある。

2．繰延資産に計上する株式交付費には、企業規模の拡大のためにする資金調達などの財務活動に係る費用だけでなく、株式分割や株式の無償割当てなどに係る費用を含むことができる。

3．のれんは、営業の譲受けや合併・買収により企業や事業を有償取得した場合に限り無形固定資産に計上されるが、特許権、商標権、実用新案権等の法律上の権利は贈与等により無償取得した場合にも無形固定資産として計上される。

☆　4．当期に繰延資産の計上が行われていた場合、前期で同一の繰延資産項目がないため、会計処理が行われていないときは、会計方針の変更として注記を要する。

1. 株式交付費の取扱い

①資本　②業績　③費用（営業外費用）

☞解説：繰延資産の会計処理に関する当面の取扱い3（1）

2. 社債発行費の取扱い

④資金調達費（コスト）　⑤利息法　⑥定額法

☞解説：繰延資産の会計処理に関する当面の取扱い3（2）

3. 買入のれんと自己創設のれん

⑦買入のれん（有償取得のれん）　⑧自己創設のれん

☞解説：概念フレームワーク第3章（14）

解答5

穴埋め

短答

11

---

1. ×（理由：支出の効果が期待されなくなった繰延資産は一時に償却する。）

☞基準：繰延資産の会計処理に関する当面の取扱い3（6）

2. ×（理由：株式分割や株式の無償割当てなどに係る費用は含まない。）

☞基準：繰延資産の会計処理に関する当面の取扱い3（2）

3. ○

☞基準：概念フレームワーク第3章（14）

4. ×（理由：会計方針の変更に該当せず、注記は要しない。）

☞基準：繰延資産の会計処理に関する当面の取扱い3（7）②イ

解答6

○×

総合

1. 会社法上、繰延資産が関連する規定は？（　　　　　　　　　）
2. 分配可能額の計算で繰延資産を考慮する理由は？
　　（　　　　　　　　　）

3. 社債発行費を繰延資産計上した場合の償却方法は？（　　　　）（　　　　）
4. 社債発行費の償却方法が原則的に利息法である理由は？
　　（　　　　　　　　　）

5. 株式交付費を営業外費用とする理由は？（　　　　　　　　　）
6. 自己株式処分費用を繰延資産とする場合の名称は？（　　　　　　）
7. 自己株式の取得・消却費用の制度上の取扱いは？（　　　　　　）

8. 株式交付費と社債発行費の共通点は？（　　　　　　　　）
9. 繰延資産と長期前払費用の違いは？（　　　　　　　　　　）

☆
☆

　　現行制度上、繰延資産として資産計上が認められる項目には、創立費、開業費、開発費、株式交付費、社債発行費等がある。

1. 上記のうち資金調達コストの性格を有する項目を指摘しなさい。
　　（　　　　　　　　　　　）

2. 株式交付費を払込資本から控除するという考え方がありますが、現行制度上、このような方法が採用されていない理由を1つ指摘しなさい。
　　（　　　　　　　　　　　）

3. 社債発行費の償却方法として利息法が原則とされる理由を述べなさい。
　　（　　　　　　　　　　　）

4. 社債発行費の償却方法として定額法が採用できる条件を述べなさい。
　　（　　　　　　）

5. 会社法上、繰延資産をその計算要素とするある利害関係者を保護するための制度における具体的な金額の名称と当該利害関係者を指摘しなさい。

☆
☆

　　制度の名称（　　　　　　）利害関係者（　　　　　　）

1．会社法上、繰延資産が関連する規定は？（分配可能額の算定）
2．分配可能額の計算で繰延資産を考慮する理由は？
（換金価値がないため）

3．社債発行費を繰延資産計上した場合の償却方法は？（利息法、定額法）
4．社債発行費の償却方法が原則的に利息法である理由は？
（資金調達コストだから）

5．株式交付費を営業外費用とする理由は？（資本取引ではないため）
6．自己株式処分費用を繰延資産とする場合の名称は？（株式交付費）
7．自己株式の取得・消却費用の制度上の取扱いは？（営業外費用）

8．株式交付費と社債発行費の共通点は？（資金調達費である点）
9．繰延資産と長期前払費用の違いは？（役務提供を受けているか否か）

1．（株式交付費、社債発行費等）
　☞解説：繰延資産の会計処理に関する当面の取扱い3（1）、（2）

2．（株式交付費の支出は資本取引ではないため）※業績を反映させるため
　☞解説：繰延資産の会計処理に関する当面の取扱い3（1）

3．（社債発行費が資金調達費であるため）
　☞解説：繰延資産の会計処理に関する当面の取扱い3（2）

4．（継続適用）
　☞解説：繰延資産の会計処理に関する当面の取扱い3（2）

5．制度の名称（分配可能額）利害関係者（債権者）

Chapter 12 外貨建取引

12-1 外貨建取引の意義と換算方法 ★☆☆

外貨建取引は、取引発生時・決済時の為替相場で換算する。

決算時の外貨建資産負債の換算方法には、流動・非流動法、貨幣・非貨幣法、テンポラル法、決算日レート法がある。

12-2 外貨建項目の期末換算 ★★☆

外貨建金銭債権債務は、円貨では為替相場の変動リスクを負っているため、相場変動を財務諸表に反映させるため、満期保有目的の債券は金銭債権との類似性を考慮したため、売買目的有価証券やその他有価証券は円貨額による時価評価額を求める過程としての換算のため、決算時の為替相場で換算する。

その他有価証券に属する債券は、金銭債権債務との整合性の観点から、その他有価証券の時価の変動と為替相場の変動リスクを分解し、為替変動リスクを為替差損益にできる。

12-3 一取引基準と二取引基準 ★★☆

一取引基準とは、外貨建取引と決済取引を一つの取引と考える方法をいう。

二取引基準とは、外貨建取引と決済取引を別個の取引と考える方法をいう。

経済のグローバル化の進展により外貨建取引の比重は高まっています。しっかり学習しましょう。

12-4　為替予約　　　　　　　　　　　★☆☆

　為替予約の独立処理とは、為替予約を外貨建取引とは独立した別個の取引として会計処理する方法をいう。

　ヘッジ会計の要件を満たす場合に適用がある振当処理とは、確定する円貨額により換算し、直物為替相場による換算額との差額を期間配分する方法をいう。

問題 1 次の文章の空欄に適切な語句を記入し、各文章にタイトルを付しなさい。

1. 外貨建取引は（ ① ）の為替相場で換算し、決済時には（ ② ）の為替相場で換算する。（ ① ）と（ ② ）の為替相場の変動から生ずる換算差額は、為替差損益として処理し、損益計算書では純額で（ ③ ）に表示する。

2. 本店における外貨建資産負債の決算時の換算方法には（ ④ ）が用いられる。（ ④ ）とは、貨幣項目を決算時、非貨幣項目を取得時・発生時の為替相場で換算する方法をいう。この他に流動・非流動法、在外支店の中心的な換算方法である（ ⑤ ）、在外子会社の中心的換算方法である（ ⑥ ）がある。

3. 外貨建債権債務は円貨では為替相場の変動リスクを負っているため外貨建の金額を（ ⑦ ）の為替相場で換算する。満期保有目的の債券は金銭債権との類似性を考慮し、（ ⑦ ）の為替相場で換算する。売買目的有価証券は円貨額による時価評価額を求める過程としての換算であり、（ ⑦ ）の為替相場で換算する。

☆
☆☆
☆

問題 2 次の文章の正否を○×で示し、×の場合はその理由を述べること。

1. 外貨建取引は、原則として当該取引発生時の為替相場による円換算額で記録しなければならない。現行の外貨建取引等会計処理基準では、外貨建資産負債の換算について、貨幣・非貨幣法に流動・非流動法を加味する考え方を採用している。

2. 満期保有目的の外貨建社債には、すべて取得時の為替相場による円換算額を付する。外貨建保有株式は、売買目的であっても、取得時の為替相場を付さなければならない。ただし、外貨建の子会社株式及び関連会社株式には、決算時の為替相場による円換算額を付する。

3. 外貨建金銭債権債務および外貨建債券について償却原価法を適用する場合の償却額は、外国通貨による償却額を決算時の為替相場により円換算した額による。

☆

1．外貨建取引と決済時の換算
①取引発生時　②決済時　③営業外損益
☞解説：外貨建取引等会計処理基準 一 1、3

2．決算時の換算方法
④貨幣・非貨幣法　⑤テンポラル法　⑥決算日レート法
☞解説：外貨建取引等会計処理基準の改訂に関する意見書 二 1

3．外貨建債権債務、満期保有目的の債券、売買目的有価証券の期末換算
⑦決算時
☞解説：外貨建取引等会計処理基準の改訂に関する意見書 二 1

1．×（理由：現在では、流動・非流動法は採用していない。）
☞解説：外貨建取引等会計処理基準の改訂に関する意見書 二 1

2．×（理由：取得時と決算時が逆）
☞解説：外貨建取引等会計処理基準 一 2（1）③

3．×（理由：決算時の為替相場⇒期中平均相場）
☞解説：外貨建取引等会計処理基準 注 9

外貨建取引

1. 外貨建取引の換算相場は？（　　　　　　　　　　）

2. 決算時における外貨建資産・負債の換算方法は？
   ①（　　　　　　　）②（　　　　　　　　）③（　　　　　　　　）④（　　　　　）

3. 個別財務諸表の中心的換算方法は？（　　　　　　　　）

4. 在外支店の中心的換算方法は？（　　　　　　）

5. 在外子会社の中心的換算方法は？（　　　　　　　）

6. 外貨建債権債務を決算時の為替相場で換算する理由は？
   （　　　　　　　　　　　　　　　　　　　　　）

7. 外貨建満期保有目的の債券を決算時の為替相場で換算する理由は？
   （　　　　　　　　　　　　　　　　　　　　）

8. 外貨建売買目的有価証券を決算時の為替相場で換算する理由は？
   （　　　　　　　　　　　　　　　　　　　　　　　　）

☆
☆

外貨建取引

1. 次の外貨建項目を期末換算時に適用される換算相場により分類しなさい。
   ①外国通貨 ②外貨建金銭債権債務 ③満期保有目的の外貨建債券
   ④売買目的有価証券 ⑤その他有価証券 ⑥子会社株式及び関連会社株式
   ⑦外貨建有価証券について時価の著しい下落又は実質価額の著しい低下により評価額の引下げが求められる場合
   ⑧デリバティブ取引等上記以外の外貨建ての金融商品

   取得時（　）決算時（　　　　　　　　　　　　）

2. 外貨建債権債務の期末換算方法の名称を4つ列挙し、解答欄に示す換算方法をあなたが指定した番号で答えなさい。
   換算方法の種類　①（　　　　　　）②（　　　　　　　）
   　　　　　　　　③（　　　　　　）④（　　　　　　　）

   　本店の主たる換算方法　　　　（　　）

   　在外支店の主たる換算方法　　（　　）

   　在外子会社の主たる換算方法　（　　）

☆
☆

123

1．外貨建取引の換算相場は？（取引発生時の為替相場）

2．決算時における外貨建資産・負債の換算方法は？①（決算日レート法）
②（流動・非流動法）　③（貨幣・非貨幣法）　④（テンポラル法）

3．個別財務諸表の中心的換算方法は？（貨幣・非貨幣法）

4．在外支店の中心的換算方法は？（テンポラル法）

5．在外子会社の中心的換算方法は？（決算日レート法）

6．外貨建債権債務を決算時の為替相場で換算する理由は？
（円貨では為替相場の変動リスクを負っているため）

7．外貨建満期保有目的の債券を決算時の為替相場で換算する理由は？
（金銭債権との類似性を考慮したため）

8．外貨建売買目的有価証券を決算時の為替相場で換算する理由は？
（円貨額による時価評価額を求める過程としての換算だから）

1．取得時（⑥）決算時（①、②、③、④、⑤、⑦、⑧）
☞解説：外貨建取引等会計処理基準　一　2（1）

2．換算方法の種類　①（貨幣・非貨幣法）②（流動・非流動法）
　　③（テンポラル法）④（決算日レート法）
　本店の主たる換算方法　　　　（　①　）
　在外支店の主たる換算方法　　（　③　）
　在外子会社の主たる換算方法　（　④　）
　※指定した番号
☞解説：外貨建取引等会計処理基準の改訂に関する意見書　二　1

次の文章の空欄に適切な語句を記入し、各文章にタイトルを付しなさい。

1. 一取引基準とは、外貨建取引とその取引に係る代金決済取引を連続した（ ① ）の取引とみなして会計処理を行う方法をいう。二取引基準とは、外貨建取引とその取引に係る代金決済取引を（ ② ）の取引とみなして会計処理を行う方法をいう。

2. 独立処理とは、為替予約等を外貨建取引とは（ ③ ）した別個の取引として会計処理を行う方法をいう。振当処理とは、為替予約等により確定する決済時における円貨額により外貨建取引等を換算し、直物為替相場との差額を期間（ ④ ）する方法をいう。

3. 在外支店の中心的な換算方法は、その評価の属性に従った換算を行う（ ⑤ ）による。これに対して在外子会社は、在外支店とは異なり、現地国での活動が中心となるため中心的な換算方法は、（ ⑥ ）による。

☆
☆☆
☆

次の文章の正否を○×で示し、×の場合はその理由を述べること。

1. わが国では仕入割引を営業外収益として処理する。この考え方を外貨建取引に適用すれば、一取引基準で会計処理を行うことが首尾一貫する。

2. 為替予約の付されている外貨建金銭債権債務に振当処理を用いた場合に生ずる為替差損益のうち、直先差額は予約日の属する期の損益として処理し、直々差額は予約日の属する期から決済日の属する期までの期間にわたって配分する。

3. 現行基準は、在外支店の財務諸表項目の換算について、在外支店の財務諸表項目は個別財務諸表の構成要素になるので、本店の外貨建項目の換算と整合的であることが望ましいという考え方を採用している。

☆

解答5

1. 一取引基準と二取引基準の意義
　①一つ（1個）　②別個

2. 独立処理と振当処理の意義
　③独立　④配分
　☞解説：外貨建取引等会計処理基準 注7

3. 在外支店と在外子会社の財務諸表項目の換算
　⑤テンポラル法　⑥決算日レート法
　☞解説：外貨建取引等会計処理基準の改訂に関する意見書 三 7、8

解答6

1. ×（理由：一取引基準⇒二取引基準）

2. ×（理由：直先差額と直々差額が逆）
　☞基準：外貨建取引等会計処理基準　注7

3. ○
　☞基準：外貨建取引等会計処理基準の改訂に関する意見書 三 7、外貨建取引等会計
　　　　処理基準の改訂について II 2。

外貨建取引

1．為替差損益の処理方法を2つ示せ。①（　　　　　）②（　　　　　）
2．二取引基準とは？（　　　　　　　　　　　　　　　　　　）
3．一取引基準とは？（　　　　　　　　　　　　　　　　　　）

4．為替予約の処理方法を2つ示せ（原則的方法を先にあげること）。
　①（　　　　　）②（　　　　　）
5．独立処理とは？（　　　　　　　　　　　　　　　　　　　）
6．振当処理とは？（　　　　　　　　　　　　　）
7．振当処理を適用する要件は？（　　　　　　　　　　　　　）

8．在外子会社の資本項目の換算相場は？（　　　　　　　　）
9．在外子会社の費用収益の原則的換算相場は？（　　　　　　）
10．在外子会社の費用収益の例外的換算相場は？（　　　　　　）

☆
☆

外貨建取引

1．為替差損益の処理方法を2つ示しなさい。なお、わが国の制度上採用
　されている方法を先に示すこと。
　　①（　　　　　）②（　　　　　）

2．為替予約の会計処理方法を2つ示しなさい。なお、わが国の制度上原
　則とされている方法を先に示すこと。
　　①（　　　　　）②（　　　　　）

3．仕入割引の処理方法には、Aこれを仕入の控除項目とする方法とB営
　業外収益として処理する方法がある。それぞれの方法が為替差損益の処
　理方法としての上記1①及び②、為替予約の会計処理方法としての上記
　2①及び②のいずれと通底するかそれぞれ番号で示しなさい。
　　A仕入の控除項目とする方法：1（　　　）2（　　　）
　　B営業外収益として処理する方法：1（　　　）2（　　　）

☆
☆

1. 為替差損益の処理方法を2つ示せ。①（二取引基準）②（一取引基準）
2. 二取引基準とは？（外貨建取引と決済取引を別々に処理する方法）
3. 一取引基準とは？（外貨建取引と決済取引を一体として処理する方法）

4. 為替予約の処理方法を2つ示せ（原則的方法を先にあげること）。
　①（独立処理）②（振当処理）
5. 独立処理とは？（外貨建金銭債権債務と為替予約を別個に換算する方法）
6. 振当処理とは？（直先差額を期間配分する方法）
7. 振当処理を適用する要件は？（ヘッジ会計の要件を満たすこと）

8. 在外子会社の資本項目の換算相場は？（取得・発生時の為替相場）
9. 在外子会社の費用収益の原則的換算相場は？（期中平均相場）
10. 在外子会社の費用収益の例外的換算相場は？（決算時の為替相場）

1. ①（二取引基準）②（一取引基準）
2. ①（独立処理）②（振当処理）
3.
　A仕入の控除項目とする方法：1（②）2（②）
　B営業外収益として処理する方法：1（①）2（①）

Chapter 13　減損会計

13-1　減損と減損処理の意義　★★★

　固定資産の減損とは、資産の収益性の低下により投資額が回収できない状態をいう。

　固定資産の減損処理とは、そのような場合に、回収可能性を反映させるように帳簿価額を減額する会計処理である。

13-2　減損処理の目的（必要性）　★★★

　減損処理は、過大な帳簿価額を減額し、将来に損失を繰り延べないための会計処理である。

　減損処理は、資産を時価評価するためのものではなく、取得原価基準の下で行われる帳簿価額の臨時的な減額である。

13-3　減損処理の対象資産と手順　★★☆

　減損処理の対象資産は固定資産であり、他の会計基準の適用があれば適用しない。

　減損の兆候があり、その資産から得られる割引前将来キャッシュ・フローが帳簿価額を下回る場合に帳簿価額から回収可能価額を控除した金額を減損損失とする。

　固定資産は、使用または売却により資金を回収するため、使用による回収額である使用価値と売却による回収額である正味売却価額の高い金額を回収可能価額とする。

　固定資産の収益性の低下による減損処理は、金融資産の時価評価とは大きく異なります。両者の違いに着目して学習しましょう。

13-4　減損の兆候と資産のグルーピング　　　　★☆☆

　減損の兆候とは、減損が生じている可能性を示す一定の事象をいい、減損損失の認識の判定に先だって、減損の兆候を考慮するのは実務上過大な負担に配慮したためである。

　資産のグルーピングは、おおむね独立したキャッシュ・フローを生み出す最少の単位で行う。

13-5　減損損失の認識と測定　　　　★★☆

　減損損失の測定を帳簿価額より割引前の将来キャッシュ・フローが下回る場合に行うのは、測定が主観的にならざるを得ず、減損の存在が相当程度に確実な場合に限って減損損失を認識するためである。

13-6　将来キャッシュ・フローと割引率　　　　★☆☆

　将来キャッシュ・フローの見積金額は、最頻値と期待値のいずれかによる。

　割引計算に使用する割引率は貨幣の時間価値を反映した税引前の利率とする。

13-7　減損損失の戻入れ　　　　★★★

　減損損失の戻入れをしないのは減損の存在が相当程度確実な場合に限って、減損損失の認識・測定を行うためであり、過大な事務負担への配慮でもある。

　減損損失の戻入れをしないと、投資期間全体では回収可能な場合もあり、投資期間全体をみた収益性の低下を反映していないという問題がある。

次の文章の空欄に適切な語句を記入し、**各文章にタイトルを付しなさい。**

1．固定資産の減損とは、資産の（ ① ）が低下し、その投資額を（ ② ）することができない状態をいう。このような場合に（ ③ ）基準の下で当該資産の帳簿価額を回収可能価額まで臨時的に減額する手続が減損処理である。

2．減損処理は、金融投資に該当する売買目的有価証券を（ ④ ）で評価し、その評価差額を当期の（ ⑤ ）とする会計処理とは異なり、過大となった帳簿価額を切下げ、将来に損失を繰延べないために行われる会計処理である。減損会計の本質は、ストックの（ ⑥ ）にあるのではなく、フローの（ ⑦ ）にある。

3．企業が行う投資の回収形態は資産の種類に応じて異なる。棚卸資産は（ ⑧ ）、債権は契約、固定資産は（ ⑨ ）によりそれぞれ投資額を回収するのが一般的である。固定資産は、（ ⑨ ）をやめ売却することも可能であるから、（ ⑨ ）による回収額すなわち（ ⑩ ）、と売却による回収額すなわち（ ⑪ ）のいずれか高い金額が回収可能価額とされる。

次の文章の正否を○×で示し、**×の場合はその理由を述べること。**

1．固定資産の減損処理とは、資産の収益性の低下により投資額の回収が見込めない場合の時価基準の下での帳簿価額の臨時的な減額処理である。

2．固定資産の減損処理は、使用価値や正味売却価額によるストックの価値評価を目指したものであり、その結果として翌期以後のフロー計算、すなわち損益計算が不適正になることは免れる。

3．投資額の回収可能性に照らした帳簿価額の臨時的な減額処理が減損処理である。減損損失額は帳簿価額のうち回収可能価額を超える金額として算出されるが、回収可能価額は使用価値と正味売却価額の低い金額である。

4．固定資産の減損処理は、棚卸資産の評価減、固定資産の物理的な減失による臨時損失とは異なり、適正な期間損益計算を行うために事業用資産の帳簿価額を減額する処理である。

1．減損と減損処理の意義
　①収益性　②回収　③取得原価
　☞解説：固定資産の減損に係る会計基準意見書三3

2．減損処理と時価評価の比較
　④時価　⑤損益　⑥評価　⑦配分
　☞解説：固定資産の減損に係る会計基準意見書三1

3．固定資産投資の回収形態と回収可能価額
　⑧販売　⑨使用　⑩使用価値　⑪正味売却価額
　☞解説：固定資産の減損に係る会計基準の設定に関する意見書四2（3）

1．×（理由：時価基準⇒取得原価基準）
　☞基準：固定資産の減損に係る会計基準の設定に関する意見書三3

2．×（理由：減損処理はストックの評価をめざした処理ではない。）
　☞基準：固定資産の減損に係る会計基準の設定に関する意見書三1、3

3．×（理由：低い金額⇒高い金額）
　☞基準：固定資産の減損に係る会計基準の設定に関する意見書三3、四2（3）

4．×（理由：固定資産の減損処理は、棚卸資産の評価減、固定資産の物
　　　　理的な減失による臨時損失と同様に将来に損失を繰延べないため
　　　　の会計処理である。）
　☞基準：固定資産の減損に係る会計基準の設定に関する意見書三1

1．減損とは？（　　　　　　　　　　　　　　　　　　）
2．減損処理とは？（　　　　　　　　　　　　　　　　　　）

3．減損処理の意味は？（　　　　　　　　　　　　　　）
4．減損処理と同じ意味の処理は？（　　　　　　　　　　　　）
5．減損処理と時価評価の違いは？（　　　　　　　　　　　　）

6．減損損失の測定が行われる場合は？（　　　　　　　　　）
7．減損損失額は？（　　　　　　　　　）

8．有形固定資産への投資額の回収手段は？（　　　）（　　　）
9．回収可能価額は？（　　　　　　　　　　　　　　　　）

☆☆

1．空欄に該当する語句を答えなさい。
　固定資産の減損とは、資産の（　ア　）が低下し、その投資額を（　イ　）することができない状態をいう。このような場合に（　ウ　）基準の下で当該資産の帳簿価額を回収可能価額まで臨時的に減額する手続が減損処理である。
　　ア（　　　　　）イ（　　　　　　）ウ（　　　　　）

2．回収可能価額はどのような金額として算出されるか。固定資産の場合における投資の回収手段に触れながら、簡潔に述べなさい。
　　（_____
　_____
　_____）

3．固定資産の減損処理と金融資産の時価評価を比較しつつ、両者の取扱いの違いを簡潔に述べなさい。
　　（_____
　_____
　_____）

☆☆☆

1. 減損とは？（収益性の低下による投資額の回収不能）
2. 減損処理とは？（回収可能性を反映した帳簿価額の減額処理）

3. 減損処理の意味は？（将来に損失を繰延べないための処理）
4. 減損処理と同じ意味の処理は？（有価証券の減損、棚卸資産の評価減）
5. 減損処理と時価評価の違いは？（フローの配分とストックの評価換え）

6. 減損損失の測定が行われる場合は？（割引前将来ＣＦ＜帳簿価額）
7. 減損損失額は？（帳簿価額－回収可能価額）

8. 有形固定資産への投資額の回収手段は？（売却）（使用）
9. 回収可能価額は？（正味売却価額と使用価値のいずれか高い金額）

解答 3

1. ア（収益性）　イ（回収）　ウ（取得原価）
　☞解説：固定資産の減損に係る会計基準の設定に関する意見書三　3

2. （固定資産に対する投資は使用または売却により回収される。減損会計
　　における回収可能価額も使用による回収額である使用価値と売却によ
　　る回収額である正味売却価額のいずれか高い金額として算出される。）
　☞解説：固定資産の減損に係る会計基準の設定に関する意見書四　2（3）

3. （固定資産の減損処理は取得原価基準の下で損失を将来に繰り延べない
　　ための臨時的な帳簿価額の減額処理であるが、金融資産の時価評価は、
　　期末に資産価値を時価で測定し、その差額を当期の損益とする処理で
　　ある。）
　☞解説：固定資産の減損に係る会計基準の設定に関する意見書三　1

解答 4

次の文章の空欄に適切な語句を記入し、各文章にタイトルを付しなさい。

1. 減損の兆候がある資産について、減損損失の判定を行うのは実務上の過大な負担を避けるためである。また、減損損失の判定に（ ① ）の将来キャッシュ・フローを使うのは、成果の不確定な事業用資産の減損は、測定が（ ② ）的になるため、減損の存在が相当程度確実な場合に限り減損処理を行うためである。

2. 減損処理をした固定資産の（ ③ ）性がその後に回復しても減損処理を行わなかったと仮定した場合の（ ④ ）まで増額する処理（減損損失の戻入れ）は行わない。これは、減損の存在が相当程度確実な場合にのみ減損損失を認識及び測定し、また、戻入れが事務的負担を増大させるためである。

3. 減損処理を行った資産について、減損処理後の（ ④ ）を新たな（ ⑤ ）として、新たに耐用年数や残存価額を見積り、その後の事業年度に適正な原価配分を行うため、毎期計画的、（ ⑥ ）に減価償却を行わなければならない。

次の文章の正否を○×で示し、×の場合はその理由を述べること。

1. 事業に用いている建物が生み出すキャッシュ・フローが継続してマイナスになっている場合は、減損損失を認識しなければならない。

2. 製造用の機械装置の時価が著しく低下した場合には、将来のキャッシュ・フローの低下が見込まれるので、減損損失を認識しなければならない。

3. 使用価値の算定においては割引後の将来キャッシュ・フローを用いるが、減損損失の認識の判定に割引前の将来キャッシュ・フローを用いるのは、減損の存在が相当程度確実な場合に限って減損損失を認識するためである。

4. 固定資産の減損処理は、資産の収益性の低下による回収可能性の簿価への反映であるから、減損処理された資産について、収益性が回復した場合は、減損処理を行わなかったときの帳簿価額まで増額する処理が行われる。

1．減損の兆候の判断と割引前将来キャッシュ・フローを使う理由
①割引前　②主観

☞解説：固定資産の減損に係る会計基準の設定に関する意見書四2（1）、（2）①

2．減損損失の戻入れ
③収益　④帳簿価額

☞解説：固定資産の減損に係る会計基準の設定に関する意見書四3（2）

3．減損処理後の減価償却
⑤取得原価　⑥規則的

☞解説：固定資産の減損に係る会計基準の設定に関する意見書四3（1）

解答 **5**

穴埋め

短答

13

1．×（理由：減損損失の判定を行う必要がある。）
☞基準：固定資産の減損に係る会計基準二2（1）

2．×（理由：減損損失の判定を行う必要がある。）
☞基準：固定資産の減損に係る会計基準二2（1）

3．○
☞基準：固定資産の減損に係る会計基準の設定に関する意見書四2（2）

4．×（理由：減損損失の戻入れは行わない。）
☞基準：固定資産の減損に係る会計基準の設定に関する意見書四3（2）

解答 **6**

○×

総合

問題 7

減損会計

1．減損処理の対象となる資産は？（　　　　　　）
2．減損会計の適用単位は？（　　　　　　　　　　　）

3．減損損失の認識の判定を行う場合は？（　　　　　　　　　　）
4．減損の兆候の例は？（　　　　　　　　　）
5．減損の兆候がある時に認識の判定をする理由は？
　（　　　　　　　　　　　　　　　　）
6．減損損失の認識の判定に割引前将来キャッシュ・フローを使う理由は？
　（　　　　　　　　　　　　　　　　　　　　　　　）

7．翌期の減損損失の戻入れを行わない理由は？
　（　　　　　　　　　　　　　　　　　　　　）
　（　　　　　　　　　　　　　　　　　　　　）
8．減損処理後の減価償却は？（　　　　　　　　　　　　）

☆
☆

問題 8

減損会計

1．空欄に該当する語句を答えなさい。

　事業用の固定資産については、通常、①市場平均を超える成果を期待して事業に使用されている。したがって、市場の平均的な期待で決まる（　ア　）が変動しても、企業にとっての固定資産に対する投資の価値がそれに応じて変動するわけではなく、投資の価値自体も、投資の成果であるキャッシュ・フローが得られるまでは実現したものではない。しかし、事業用の固定資産であっても、その（　イ　）が当初の予想よりも低下し、資産の回収可能性を帳簿価額に反映させなければならない場合がある。減損処理は、②（　ウ　）基準の下で行われる帳簿価額の（　エ　）な減額である。
　　　ア（　　　　）イ（　　　　　）ウ（　　　　）エ（　　　　）

2．下線部①は通常、何と呼ばれるか指摘しなさい。
　　（　　　　　　）

3．下線部②と同様の意味を持って行われる会計処理を2つあげなさい。
　　（　　　　　　　　　　　　　　　）

☆
☆
☆

解答7

1. 減損処理の対象となる資産は？（固定資産）
2. 減損会計の適用単位は？（キャッシュ・フローを生み出す最小の単位）

3. 減損損失の認識の判定を行う場合は？（減損の兆候がある場合）
4. 減損の兆候の例は？（キャッシュ・フローの継続的マイナス）※その他
5. 減損の兆候がある時に認識の判定をする理由は？
 （実務上の過大な負担を避けるため）
6. 減損損失の認識の判定に割引前将来キャッシュ・フローを使う理由は？
 （減損の存在が相当程度に確実な場合のみ減損損失を認識するため）

7. 翌期の減損損失の戻入れを行わない理由は？
 （減損の存在が相当程度に確実な場合のみ減損損失を認識するため）
 （過大な事務的負担の回避）
8. 減損処理後の減価償却は？（減損処理後の帳簿価額により行う）

穴埋め

短答

13

解答8

1. ア（時価） イ（収益性） ウ（取得原価） エ（臨時的）
 ☞解説：固定資産の減損に係る会計基準の設定に関する意見書三1

2. （のれん）
 ☞解説：固定資産の減損に係る会計基準の設定に関する意見書三1

3. （棚卸資産の評価減、固定資産の臨時損失）
 ※有価証券の減損処理、工事損失引当金の計上
 ☞解説：固定資産の減損に係る会計基準の設定に関する意見書三1

○×

総合

Chapter 14 税効果会計

14-1 法人税等の性格 ★★☆

法人税等の性格については、法人税等を不可避的な価値犠牲とする費用説と国家に対する利益の処分とする利益処分説があり、税効果基準では費用説をとる。

14-2 税効果会計の目的と適用しない場合の問題点 ★★★

税効果会計とは、企業会計上の資産・負債と課税所得計算上の資産・負債に相違がある場合において、法人税等を期間配分し、税引前当期純利益と法人税等との対応をはかる手続をいう。

税効果会計を適用しないと法人税等の額が税引前当期純利益と期間的に対応せず、将来の法人税等の支払額に対する影響を示すことができない。

14-3 資産負債法と繰延法 ★★★

資産負債法は、企業会計上と課税所得計算上の資産負債の違いである一時差異に差異の解消時の税率を適用して税効果額を算出する方法である。

繰延法は、企業会計上の収益費用と課税所得計算上の益金損金の違いである期間差異に現行税率を適用して税効果額を算出する方法である。

現行では資産負債法をとり、その他有価証券や繰越欠損金等に対して税効果会計の適用があり、税率の変更時には繰延税金資産や負債を再計算する。

費用である法人税等をどのように期間配分するのかが税効果会計の課題です。

14-4　繰延税金資産・負債の資産性・負債性　★★★

　繰延税金資産は、将来の法人税等の支払額を減額する効果を有し、一般的には法人税等の前払額に相当するため、資産としての性格を有する。

　繰延税金負債は、将来の法人税等の支払額を増額する効果を有し、法人税等の未払額に相当するため負債としての性格を有する。

14-5　差異の種類　★☆☆

　一時差異とは、企業会計上と課税所得計算上の資産負債の差額をいい、資産負債法のもとでの差異である。

　一時差異には、差異の解消時に課税所得を減額する効果を持つ将来減算一時差異と差異の解消時に課税所得を増額する効果を持つ将来加算一時差異がある。

　企業会計上の収益・費用と課税所得計算上の益金・損金との差額を期間差異といい、繰延法のもとでの差異である。

14-6　繰延税金資産の回収可能性　★★★

　繰延税金資産の回収可能性とは、将来の法人税等の減額効果を意味し、次のいずれかに該当する場合には、繰延税金資産の回収可能性があると判断される。

　①一時差異等加減算前課税所得の十分性

　②タックスプランニングの存在

　③将来加算一時差異の十分性

次の文章の空欄に適切な語句を記入し、**各文章にタイトルを付しなさい。**

税効果会計

1. 企業利益に対して課される法人税等は、利益の処分ではなく、企業会計上の（ ① ）に該当する。企業会計上と課税所得計算上の（ ② ）や（ ③ ）に相違がある場合、（ ① ）である法人税等を適切に期間（ ④ ）し、税引前当期純利益と法人税等を合理的に（ ⑤ ）させる手続が税効果会計である。

2. 資産負債法とは、企業会計上と課税所得計算上の（ ② ）や（ ③ ）の差額に予測税率を適用した額を税効果額とする方法である。繰延法とは、企業会計上の収益・費用と課税所得計算上の益金・損金の差額に現行税率を適用した額を税効果額とする方法である。制度上は（ ⑥ ）が採用されている。

3. 繰延税金資産は、将来の法人税等の支払額を（ ⑦ ）する効果を有し、一般的には法人税等の（ ⑧ ）額に相当するため、資産としての性格を有する。繰延税金負債は、将来の法人税等の支払額を（ ⑨ ）する効果を有し、法人税等の（ ⑩ ）額に相当するため、負債としての性格を有する。

次の文章の正否を○×で示し、×の場合はその理由を述べること。

税効果会計

1. 税効果会計は、法人税等を費用と捉えるか、利益の処分と捉えるかにかかわらず適用すべきであるが、法人税等には、法人税、住民税及び事業税（収入金額その他利益以外のものを課税標準とする事業税を除く。）が含まれる。

2. 税効果会計の方法として資産負債法を採用しても、繰延法を採用しても損益計算書上の当期純利益の金額が変わることはない。

3. 繰延法を採用した場合は、企業会計上の収益・費用と課税所得計算上の益金・損金に取扱いの差異がないその他有価証券の評価差額に税効果会計を適用する必要はない。

4. 法人税等について税率の変更があった場合は、過年度に計上された繰延税金資産や繰延税金負債を新たな税率に基づき再計算する。この処理は、資産負債法ではなく、繰延法に基づく処理である。

1．法人税等の性格と税効果会計の目的
①費用　②資産　③負債　④配分　⑤対応
☞解説：税効果会計に係る会計基準 第一

2．資産負債法と繰延法
⑥資産負債法
☞解説：税効果会計に係る会計基準の設定について 三

3．繰延税金資産の資産性・繰延税金負債の負債性
⑦減額　⑧前払　⑨増額　⑩未払
☞解説：税効果会計に係る会計基準の設定について 二 2

解答 **1**

穴埋め

短答

14

1．× （理由：利益の処分と捉える場合に税効果会計の必要はない。法人税等を費用と捉える考え方のもとで税効果会計の適用がある。）
☞基準：税効果会計に係る会計基準第一、注1

2．× （理由：適用税率や適用範囲が異なるため、当期純利益も異なる。）

3．○

4．× （理由：資産負債法と繰延法が逆）
☞基準：税効果会計に係る会計基準 第二 二 1、2、注6

解答 **2**

○×

総合

税効果会計

1. 企業会計上の法人税等の性格は？（　　　）
2. 繰延税金資産の性格は？（　　　　　　　）
3. 繰延税金負債の性格は？（　　　　　　　）

4. 繰延税金資産の資産性は？（　　　　　　　　　　　　　　　　）
5. 繰延税金負債の負債性は？（　　　　　　　　　　　　　　　　）

6. 税効果会計の方法は？（　　　　　）（　　　　　）
7. 資産負債法は会計と税務の何の違いに着目するか？（　　　　　）
8. 繰延法は会計と税務の何の違いに着目するか？
　（　　　　　　　　　　　）
9. 資産負債法で用いられる税率は？（　　　　　）
10. 繰延法で用いられる税率は？（　　　　）
11. 税率変更時に繰延税金資産・負債を再計算する方法は？（　　　　　）
☆☆ 12. 繰越欠損金等に適用がある方法は？（　　　　　）
13. その他有価証券評価差額金に適用がある方法は？（　　　　　）

問題 **4**

税効果会計

1. **空欄に該当する語句を答えなさい。**

　税効果会計は、企業会計上の資産又は負債の額と課税所得計算上の資産又は負債の額に相違がある場合において、法人税その他利益に関連する金額を課税標準とする税金（以下「法人税等」という。）の額を適切に（　ア　）することにより、法人税等を控除する前の当期純利益と法人税等を合理的に（　イ　）させることを目的とする手続である。

　　ア（　　　　　）イ（　　　　　）

2. **税効果会計の方法には、資産負債法と繰延法があります。①「税効果会計に係る会計基準」が採用する方法を指摘し、②同方法での適用税率について留意すべき点にも触れつつその取扱いを述べなさい。**

　　①基準が採用する方法（　　　　　　）

　　②（＿＿＿＿＿＿＿＿＿＿＿＿＿＿＿＿＿＿＿＿＿＿＿＿＿＿＿＿＿
　　　＿＿＿＿＿＿＿＿＿＿＿＿＿＿＿＿＿＿＿＿＿＿＿＿＿＿＿＿＿＿
　　　＿＿＿＿＿＿＿＿＿＿＿＿＿＿＿＿＿＿＿＿＿＿＿＿＿＿＿＿）

☆☆☆

解答 3

1. 企業会計上の法人税等の性格は？（**費用**）
2. 繰延税金資産の性格は？（**法人税等の前払**）
3. 繰延税金負債の性格は？（**法人税等の未払**）

4. 繰延税金資産の資産性は？（**将来ＣＯＦの減額をもたらし、資産性がある**）
5. 繰延税金負債の負債性は？（**将来ＣＯＦの増額をもたらし、負債性がある**）

6. 税効果会計の方法は？（**資産負債法**）（**繰延法**）
7. 資産負債法は会計と税務の何の違いに着目するか？（**資産と負債**）
8. 繰延法は会計と税務の何の違いに着目するか？
（**収益・費用と益金・損金**）
9. 資産負債法で用いられる税率は？（**予測税率**）※差異の解消時の税率
10. 繰延法で用いられる税率は？（**現行税率**）
11. 税率変更時に繰延税金資産・負債を再計算する方法は？（**資産負債法**）
12. 繰越欠損金等に適用がある方法は？（**資産負債法**）
13. その他有価証券評価差額金に適用がある方法は？（**資産負債法**）

解答 4

1. ア（**期間配分**）　イ（**対応**）
   ☞解説：税効果会計に係る会計基準 第一

2. ①基準が採用する方法（**資産負債法**）
   ②（**資産負債法では一時差異等を対象として差異等の金額に予測税率
   を乗じて税効果額を算出する。税率の変更時には、繰延税金資産
   や繰延税金負債を変更後の税率で再計算する。**）
   ☞解説：①税効果会計に係る会計基準の設定について 三
   　　　　②税効果会計に係る会計基準 第二 二 1、2、注6

次の文章の空欄に適切な語句を記入し、**各文章にタイトルを付しなさい。**

1. 繰延法が対象とする差異を（ ① ）といい、資産負債法が対象とする差異を（ ② ）という。現行制度上は資産負債法が採用され、（ ② ）だけでなく、（ ③ ）を含む（ ④ ）に対して税効果会計が適用される。なお、税効果会計の適用がない差異を（ ⑤ ）という。

2. 一時差異には、将来の差異解消時に課税所得を減額させる（ ⑥ ）一時差異と将来の差異解消時に課税所得を増額させる（ ⑦ ）一時差異がある。

3. 繰延税金資産の回収可能性とは、将来の税負担の軽減効果を意味する。繰延税金資産は、（ ⑥ ）一時差異の解消年度を含む期間に次のいずれかを満たすことにより、回収可能性があると判断される。

①一時差異等加減算前（ ⑧ ）が発生する可能性が高い。

②①以外で一時差異等加減算前（ ⑧ ）を発生させる（ ⑨ ）が存在する。

③①～②以外で（ ⑦ ）一時差異の解消が見込まれる。

次の文章の正否を○×で示し、×の場合はその理由を述べること。

1. 交際費の損金算入限度額を超過する金額や将来の課税所得と相殺することが可能な繰越欠損金等は、永久差異に該当するため税効果会計の対象とはならない。

2. 繰延税金資産と繰延税金負債の差額を期首と期末で比較した増減額は、当期に納付すべき法人税等の調整額として計上することができる。

3. 繰越欠損金は、一時差異に該当するため、繰延法のもとで税効果会計の適用はないが、資産負債法のもとでは適用がある。

4. 「税効果会計に係る会計基準」では、繰延税金資産の将来の回収可能性について、毎期見直すべきことを規定している。したがって、繰延税金負債については、当初に計上された金額を見直すことはなく、後の期間で修正することもない。

1. 繰延法と資産負債法が適用される差異

①期間差異 ②一時差異 ③繰越欠損金等 ④一時差異等 ⑤永久差異

☞解説：税効果会計に係る会計基準の設定について 三

2. 一時差異の種類

⑥将来減算 ⑦将来加算

☞解説：税効果会計に係る会計基準 第二 一 3

3. 繰延税金資産の回収可能性

⑧課税所得 ⑨タックス・プランニング

☞解説：税効果会計に係る会計基準 第二 二 1、注5

1. × （理由：繰越欠損金等は、税効果会計の対象であり、永久差異には該当しない。）

2. × （理由：することができる⇒しなければならない）

☞基準：税効果会計に係る会計基準 第二 二 3

3. × （理由：繰越欠損金は一時差異と同様の効果を有するが一時差異ではない。）

☞基準：税効果会計に係る会計基準 第二 一 4

4. × （理由：繰延税金負債についても税率の変更等により見直すことがある。また、支払可能性が問題となることもある。）

１．繰延法で税効果会計の適用がある差異は？（　　　　　　）

２．資産負債法で税効果会計の適用がある差異は？（　　　　　　）

３．現行制度上の税効果会計の適用対象は？（　　　　　　）

４．税効果会計の適用がない差異は？（　　　　　）

５．繰越欠損金等に税効果会計が適用される条件は？
　（　　　　　　　　　　　　　　　　　）

６．将来課税所得を減額させる一時差異は？（　　　　　　　）

７．将来課税所得を増額させる一時差異は？（　　　　　　　）

８．繰延税金資産の回収可能性とは？（　　　　　　　　）

９．繰延税金資産の回収可能性の判断基準は？
　① （　　　　　　　　　　）
　② （　　　　　　　　　　）
　③ （　　　　　　　　　　）

１．空欄に該当する語句を答えなさい。

　一時差異等に係る税金の額は、将来の会計期間において（　ア　）が見込まれない税金の額を除き、繰延税金資産又は繰延税金負債として計上しなければならない。繰延税金資産については、将来の（　イ　）の見込みについて毎期見直しを行わなければならない。

　　ア（　　　　　　　　）イ（　　　　　　　）

２．次に掲げる項目を ㈠ 永久差異、㈡ 将来減算一時差異、㈢ 将来加算一時差異、㈣ 差異に該当しない項目に区分し、記号で示しなさい。

　　①引当金の損金算入限度超過、②交際費等の損金不算入、③繰越欠損金
　　④剰余金処分による圧縮積立金の計上、⑤棚卸資産の評価損の損金不算入
　　ア（　　　　　）イ（　　　　　）ウ（　　　　　）エ（　　　　）

３．繰越欠損金等に税効果会計が適用される条件について述べなさい。

　　（　　　　　　　　　　　　　　　　　　　　　　　　　　　）

1. 繰延法で税効果会計の適用がある差異は？（**期間差異**）
2. 資産負債法で税効果会計の適用がある差異は？（**一時差異**）
3. 現行制度上の税効果会計の適用対象は？（**一時差異等**）
4. 税効果会計の適用がない差異は？（**永久差異**）
5. 繰越欠損金等に税効果会計が適用される条件は？
（**将来の課税所得と相殺可能なこと**）

6. 将来課税所得を減額させる一時差異は？（**将来減算一時差異**）
7. 将来課税所得を増額させる一時差異は？（**将来加算一時差異**）

8. 繰延税金資産の回収可能性とは？（**将来の税負担の軽減効果**）
9. 繰延税金資産の回収可能性の判断基準は？
　①（**一時差異等加減算前課税所得の十分性**）
　②（**タックス・プランニングの存在**）
　③（**将来加算一時差異の十分性**）

1. ア（**回収又は支払**）　イ（**回収**）
　☞解説：税効果会計に係る会計基準 第二 二 1

2. ア（**②**）　イ（**①、⑤**）　ウ（**④**）　エ（**③**）
　☞解説：税効果会計に係る会計基準 第二 一 3、注2、注3

3. （**将来の課税所得と相殺可能であること。**）
　☞解説：税効果会計に係る会計基準 第二 一 4

Chapter 15　純資産

15-1　純資産の部の表示　★★★

　貸借対照表は、資産の部、負債の部及び純資産の部に区分する。

　貸借対照表上、資産性や負債性をもつものは資産の部や負債の部に記載し、それ以外を資産と負債の差額として純資産の部に記載することで支払能力等の財政状態をより適切に表示できる。

　純資産は株主資本と株主資本以外に区分し、株主資本は資本金、資本剰余金及び利益剰余金に区分する。

15-2　株主資本の区別とその理由　★★★

　企業の利益情報に関心を持つのは株主であり、当期純利益とこれを生み出す株主資本は重視される。

　当期純利益と株主資本の当期変動額(資本取引によるものを除く)は一致する。

　クリーン・サープラス関係の成立は、会計情報の信頼性を高め、企業評価に役立つ。

　資産と負債の差額である純資産を株主資本とそれ以外の項目に区分したのが純資産の部の大きな特徴です。

15-3 株主資本以外の純資産 ★★★

新株予約権は返済義務のある負債ではなく、資本取引によるものではないため株主資本以外の純資産とする。

新株予約権は、権利の失効により、株主資本とならないことが確定するため、失効による戻入益は特別利益とする。

非支配株主持分は、返済義務のある負債ではなく、親会社株主に帰属しないため株主資本以外の純資産とする。

評価・換算差額等は、払込資本ではなく、かつ未だ当期純利益に含められていないため株主資本以外の純資産とする。

15-4 企業会計と会社法 ★★☆

会社法では、債権者の保護を図るため、株主資本を資本金、準備金、剰余金に区別し、剰余金のみを分配可能額の計算基礎とする。

繰延資産には換金価値がなく、のれんは個別的な財産価値がないため、分配可能額の計算上、考慮される。

処分可能であるべき利益準備金が配当不能とされ、維持すべきその他資本剰余金が配当可能な点が企業会計と異なる。

15-5 株主資本等変動計算書 ★☆☆

株主資本等変動計算書は、純資産の部の主として株主資本の変動を記載した財務諸表であり、当期変動額は、情報の有用性が異なるため、株主資本は変動事由ごとに、株主資本以外は純額で表示する。

15-6　自己株式　　　　★★★

　自己株式の性格には、換金性がある会社財産とする資産説と会社財産の払戻しとする資本控除説（基準採用）がある。

　自己株式の保有は、処分や消却までの暫定的な状態のため、取得原価で一括して株主資本の控除項目とする。

　自己株式の処分は資本取引であり、自己株式処分差益はその他資本剰余金とし、自己株式処分差損はその他資本剰余金から減額する。

15-7　ストック・オプションの権利確定日前の会計処理　　★★☆

　ストック・オプションを付与し、これに応じて企業が従業員等から取得するサービスは、その取得に応じて費用として計上し、対応する金額を、ストック・オプションの権利の行使又は失効が確定するまでの間、貸借対照表の純資産の部に新株予約権として計上する。

15-8　権利確定日後の会計処理と費用認識　　★★★

　新株予約権が権利行使され、新株を発行した場合は、新株予約権から払込資本に振り替え、失効が生じた場合は、利益計上する。

　企業は付与されたストック・オプションを対価とし、これと引換えに企業に追加的にサービスが提供され、企業がそのサービスを消費したと考えられるため費用認識には根拠がある。

コラム

●学習効率を高めるためのヒント●

歩きながらの学習に効果あり！

　脳科学の分野では、軽めの運動が脳にいい影響を与えることが知られています。歩くことで脳が活性化し、同時に学習することで記憶にも一定の効果があるのです。発声にも同じような効果があり、この二つを合わせて歩きながらブツブツ学習するのは、とても効率的です。ただし、外ではちょっと危険なので自室での学習限定でしょうか。

学習の場所を変える

　自宅で何時間でも学習することができるなら大いに結構ですが、自宅では集中できない、一定の場所に長時間いると集中力が落ちるという方は学習の場所を変えてみましょう。予備校や図書館の自習室、カフェ等、あらかじめいくつかの候補を決めておいて、そこをルーチン化するのもよいかもしれません。大事なのは、自分にとって学習によい環境であることです。

筋道を通すこと

　単純な反復よりも、筋道を通して学習する方が記憶の定着に効果が高いのは経験的にも明らかです。単に手順のみを記憶するよりもその根拠等の一見遠回りに見えることを同時に学習する方が記憶の維持には有効なのです。

　ただし、筋道を通すことが難しい場合も少なくありません。できる限り、筋道をつけるようにすると記憶に残りやすくなります。これまで単に覚えていたものの筋道がつけられるような場合はそれに乗り換えていくことが必要です。

しっかり読むためのヒント

　問題の読み違いに起因するミスを減らす工夫を少し考えておきましょう。文章を斜線で短く区切ることや、重要句に下線を引くことには、問題をしっかりと読む効果があります。マーカーを引くことや引くつもりで読むことにも効果があります。問題の文章に独自の工夫を加えることで問題を読みやすくし、読み間違いを減らすことができます。

　このような問題を間違えずに読む工夫はテキスト等をしっかりと読む工夫と同じです。学習内容に関して最も効率的なのは、本質をつかみ、これに沿ったアプローチをしていくことです。問題をしっかり読むためのアプローチを普段の学習でも積極的に取り入れるようにしましょう。

問題 1

純資産

☆☆☆

次の文章の空欄に適切な語句を記入し、**各文章にタイトルを付しなさい。**

1. 貸借対照表上、資産性や負債性を持つものを資産の部や負債の部に記載し、それらに該当しないものは資産と負債の（ ① ）として（ ② ）の部に記載する。この結果、企業の（ ③ ）などの財政状態をより適切に表示できる。

2. 会計情報で、特に重要なのは、投資の成果を表す利益の情報であり、当期純利益とこれを生み出す（ ④ ）は重視されるため、純資産の部は（ ④ ）とそれ以外に区分する。この結果、損益計算書の当期純利益と（ ⑤ ）を除く（ ④ ）の当期変動額は一致する。なお、（ ④ ）は、株主から直接拠出された維持すべき（ ⑥ ）と企業が稼得し処分可能な（ ⑦ ）に区別される。

3. 自己株式の性格の考え方には（ ⑧ ）説と（ ⑨ ）説がある。（ ⑧ ）説では、自己株式を換金性のある会社財産と捉え、資産とする。（ ⑨ ）説は、自己株式の取得を株主への会社財産の払戻し、つまり（ ⑤ ）と捉え、資本の控除とする。現行制度は、（ ⑨ ）説をとり、（ ④ ）の控除として表示する。

問題 2

純資産

☆

次の文章の正否を○×で示し、**×の場合はその理由を述べること。**

1. 利益情報の主要な利用者であり受益者は、企業価値に関心を持つ株主であるため、当期純利益とこれを生み出す純資産は重視される。純資産には、純利益を生み出すストックとしての意味づけがなされている。

2. 非支配株主持分は、返済義務のある負債ではないため純資産の部に記載し、また、株主に帰属するものではないため株主資本とは区別して表示する。評価・換算差額等は、払込資本ではなく、かつ、未だ当期純利益に含められていないため株主資本以外の項目とする。

3. 株主資本等変動計算書には、純資産の部の主として株主資本の変動額を記載する。株主資本は、その変動事由とともに当期変動額を記載するが、株主資本以外の項目は原則として当期変動額を純額で記載する。

4. その他資本剰余金の残高を超える自己株式処分差損が発生した場合は、そのつど、その他利益剰余金で補てんし、その残高を確定しなければならない。

1．純資産の部の表示
①差額　②純資産　③支払能力
☞解説：貸借対照表の純資産の部の表示に関する会計基準 21

2．当期純利益と株主資本の関係
④株主資本　⑤資本取引　⑥払込資本（拠出資本）　⑦留保利益
☞解説：貸借対照表の純資産の部の表示に関する会計基準 29、30

3．自己株式の性格
⑧資産　⑨資本控除
☞解説：自己株式及び準備金の額の減少等に関する会計基準 30

解答 **1**

穴埋め

短答

15

1．×（理由：純資産⇒株主資本）
☞基準：貸借対照表の純資産の部の表示に関する会計基準 29

2．×（理由：株主⇒親会社株主）
☞基準：貸借対照表の純資産の部の表示に関する会計基準 22、32、33

3．○
☞基準：株主資本等変動計算書に関する会計基準 6、8

4．×（理由：そのつど⇒会計期間末に）
☞基準：自己株式及び準備金の額の減少等に関する会計基準 12

解答 **2**

○×

総合

問題3

純資産

1. 資産と負債の差額を純資産とし表示するものは？（ 　　　　　　　　）
2. 株主資本を区別する理由は？（ 　　　　　　　　　　　　　　　）
3. 資本取引とは？（ 　　　　　　　　　　　　　　　）
4. 非支配株主持分を純資産とする理由は？（ 　　　　　　　　　）
5. 非支配株主持分を株主資本以外とする理由は？
   （ 　　　　　　　　　　　　　　　　　　　）

6. 会社法上の株主資本の区分は？（ 　　　　　　　　　　　）

7. 資産説の根拠は？（ 　　　　　　　　　　　　）
8. 資本控除説の根拠は？（ 　　　　　　　　　　）
9. 自己株式処分差益を資本剰余金とする理由は？（ 　　　　　　　　）

☆
☆

10. 株主資本等変動計算書の開示項目は？（ 　　　　　　　　　　）
11. 株主資本等変動計算書の株主資本の開示は？（ 　　　　　　　）
12. 株主資本とその他で開示に差がある理由は？（ 　　　　　　　）

問題4

純資産

1. 空欄に該当する語句を答えなさい。
   取得した自己株式は、<u>取得原価をもって純資産の部の（ ア ）から控除</u>する。期末に保有する自己株式は、純資産の部の（ ア ）の末尾に自己株式として一括して（ イ ）する形式で表示する。
   ア（ 　　　　）イ（ 　　　　）

2. 自己株式の会計処理に関する考え方の名称を2つ示しなさい。なお、現行の制度で採用されている考え方を先に示すこと。
   （ 　　　　）説（ 　　　　）説

3. 自己株式を下線部によって株主資本の控除項目とする根拠を述べなさい。
   （ 　　　　　　　　　　　　　　　　　　　　　　　　　）

4. 自己株式処分差損をその他資本剰余金から控除しきれない場合にその他利益剰余金から減額する根拠を述べなさい。

☆
☆
☆

   （ 　　　　　　　　　　　　　　　　　　　　　　　　　　
   　　　　　　　　　　　　　　　　　　　　　　　　　　　
   　　　　　　　　　　　　　　　　　　　　　　　　　　 ）

解答 3

1. 資産と負債の差額を純資産とし表示するものは？（支払能力等の財政状態）
2. 株主資本を区別する理由は？（株主資本が純利益を生み出し重要なため）
3. 資本取引とは？（株主との直接的取引）
4. 非支配株主持分を純資産とする理由は？（返済義務がある負債でないため）
5. 非支配株主持分を株主資本以外とする理由は？
（親会社株主に帰属するものではないため）

6. 会社法上の株主資本の区分は？（資本金、準備金、剰余金）

7. 資産説の根拠は？（換金性のある会社財産だから）
8. 資本控除説の根拠は？（会社財産の払戻しだから）
9. 自己株式処分差益を資本剰余金とする理由は？（払込資本と同じだから）

10. 株主資本等変動計算書の開示項目は？（純資産の部のすべての項目）
11. 株主資本等変動計算書の株主資本の開示は？（変動事由ごとの開示）
12. 株主資本とその他で開示に差がある理由は？（株主資本が重要だから）

15

解答 4

1. ア（株主資本） イ（控除）
☞解説：自己株式及び準備金の額の減少等に関する会計基準7、8

2. （資本控除）説 （資産）説
☞解説：自己株式及び準備金の額の減少等に関する会計基準30

3. （自己株式の保有は処分や消却までの暫定的な状態にあるため）
☞解説：自己株式及び準備金の額の減少等に関する会計基準32

4. （払込資本の残高は負の値とはならず、その他資本剰余金について、負の残高を認めることは適当でなく、会計期間末に利益剰余金で補てんする。）
☞解説：自己株式及び準備金の額の減少等に関する会計基準41

次の文章の空欄に適切な語句を記入し、各文章にタイトルを付しなさい。

純資産

1．新株予約権は、（ ① ）のある負債ではなく、負債の部に表示するのが適当ではないため、（ ② ）の部に記載する。また、株主とは異なる新株予約権者との直接的な取引によるものであり、（ ③ ）とは区別して表示する。

2．新株予約権に失効が生じ、純資産の増加が（ ④ ）との直接的な取引によらないこととなった場合は、会社は無償で提供されたサービスを（ ⑤ ）したと考えることができるので、失効に対応する部分を（ ⑥ ）として計上する。

☆
☆

3．ストック・オプションを付与し、これに応じて企業が従業員等から取得するサービスは、その（ ⑦ ）に応じて費用として計上する。ストック・オプションを付与した場合に費用認識が行われるのは、付与されたストック・オプションを対価とし、これと引換えに企業に追加的にサービスが提供され、企業はそのサービスを（ ⑤ ）したと考えられるためである。

次の文章の正否を○×で示し、×の場合はその理由を述べること。

純資産

1．発行者側の新株予約権は、権利行使の有無が確定するまでの間、その性格が確定しない。新株予約権に返済義務はなく、負債の部に表示することは適当でないため、純資産の部に表示する。

2．ストック・オプションの権利が行使されて新株を発行した場合は、払込資本として、新株予約権に計上した額のうち権利行使に対応する部分とこれに伴う払込金額が計上される。自己株式を交付した場合は、自己株式の処分として処理されるが、このときの処分対価は権利行使に伴う払込金額であり、払込金額と自己株式の取得原価との差額が自己株式処分差額となる。

3．企業に帰属している財貨を消費した場合に費用認識が必要である以上、サービスを消費した場合も費用認識するのが整合的である。サービスを貸借対照表に計上しないのは、単にその性質上、貯蔵性がなく取得と同時に消費してしまうからに過ぎず、その消費は財貨の消費と本質的に異ならない。

☆

1．新株予約権の表示
①返済義務　②純資産　③株主資本
☞解説：貸借対照表の純資産の部の表示に関する会計基準22、32

2．新株予約権が失効した場合の取扱い
④株主　⑤消費　⑥利益（特別利益）
☞解説：ストック・オプション等に関する会計基準9、46

3．ストック・オプションの費用認識の根拠
⑦取得
☞解説：ストック・オプション等に関する会計基準34、36

解答
5

穴埋め

短答

15

1．○
☞基準：貸借対照表の純資産の部の表示に関する会計基準22、32

2．×（理由：（後ろ2個の）払込金額⇒払込金額と新株予約権の帳簿価額
の合計額）
☞基準：ストック・オプション等に関する会計基準8

3．○
☞基準：ストック・オプション等に関する会計基準35

解答
6

○×

総合

純資産

1. 新株予約権を純資産とする理由は？（　　　　　　　　　　　　　　　　　）
2. 新株予約権を株主資本以外とする理由は？（　　　　　　　　　　　）

3. ストック・オプションとは？
（　　　　　　　　　　　　　　　　　　　　　　　　　　　）
4. ストック・オプションの権利確定日以前の会計処理は？
（　　　　　　　　　　　　　　　　　　　　　　　　　　　　　）
5. ストック・オプションの費用計上額は？
（　　　　　　　　　　　　　　　　　　　　　　　　　　）
6. ストック・オプションの費用認識の根拠は？
（　　　　　　　　　　　　　　　　　　　　　　　　　）
7. 現金支出がなく、費用認識が行われる例は？（　　　　　　　　　　　　　）

☆
☆
8. 権利行使された場合の処理は？（　　　　　　　　　　　　　）
9. ストック・オプションの失効が生じた場合の利益計上額は？
（　　　　　　　　　　　　　　　　　　）

問題
8

純資産

1. 空欄に該当する語句を答えなさい。

　　ストック・オプションを付与し、これに応じて企業が従業員等から取
得するサービスは、その（　ア　）に応じて費用として計上し、対応する金
額を、ストック・オプションの権利の行使又は失効が確定するまでの間、
貸借対照表の純資産の部に（　イ　）として計上する。また、ストック・オ
プションが権利行使され、これに対して新株を発行した場合には、（　イ　）
として計上した額のうち、当該権利行使に対応する部分を（　ウ　）に振り
替える。

　　ア（　　　　　）イ（　　　　　）ウ（　　　　　）

2. ストック・オプションが権利行使され、自己株式を交付した場合の取
扱いを簡潔に述べなさい。

（

　　　　　　　　　　　　　　　　　　　　　　　　　　　　　　）

☆
☆
3. ストック・オプションが失効した場合の上記（イ）の取扱いを述べな
さい。

（　　　　　　　　　　　　　　　　　　　　　）

1．新株予約権を純資産とする理由は？（返済義務がある負債ではないため）
2．新株予約権を株主資本以外とする理由は？（株主に帰属するものでないため）

3．ストック・オプションとは？
（従業員等に報酬として付与する自社株式オプション）
4．ストック・オプションの権利確定日以前の会計処理は？
（取得に応じて費用計上し、同額を純資産に新株予約権として計上する）
5．ストック・オプションの費用計上額は？
（公正な評価額のうち当期に発生したと認められる額）
6．ストック・オプションの費用認識の根拠は？
（サービスを取得し、消費しているため費用認識すべきである）
7．現金支出がなく、費用認識が行われる例は？（無償取得資産の減価償却）

8．権利行使された場合の処理は？（帳簿価額を払込資本に振り替える）
9．ストック・オプションの失効が生じた場合の利益計上額は？
（新株予約権計上額のうち失効部分に対応する金額）

1．ア（取得）　イ（新株予約権）　ウ（払込資本）
☞解説：ストック・オプション等に関する会計基準4、8

2．（権利行使による払込金額と新株予約権の帳簿価額の合計額と自己株式
　　の取得原価との差額を自己株式処分差額として処理する。）
☞解説：ストック・オプション等に関する会計基準8

3．（失効に対応する部分を利益に計上する。）
☞解説：ストック・オプション等に関する会計基準9

Chapter 16 資産除去債務

16-1 資産除去債務の定義と範囲 ★★☆

　資産除去債務とは、有形固定資産の取得等による資産除去に関する法律上の義務及びそれに準ずるものをいう。

　有形固定資産の除去とは、有形固定資産の用役提供からの除外をいう。

16-2 引当金処理と資産負債の両建処理 ★★★

　引当金処理とは、資産除去サービスの費消をその使用に応じて費用として計上し、対応する金額を引当金として計上する処理をいう。

　資産負債の両建処理とは、資産除去債務の全額を負債として計上し、同額を有形固定資産の取得原価に反映する処理をいう。

　引当金処理では資産の除去に必要な負債計上が不十分であり、投資にあたって、回収すべき金額を引上げることによる資産の投資効率をみることができ、除去費用が減価償却を通じて費用配分されるため引当金処理を包摂する資産負債の両建処理が採用される。

16-3 資産除去債務の負債計上と負債性 ★★☆

　資産除去債務は、有形固定資産の取得等により発生した時に負債計上する。

　資産除去債務は、資産除去に関する不可避的な法律上の義務であり、経済的資源を引き渡す義務としての負債に該当する。

　資産除去債務の会計処理としては資産負債の両建処理が採用されていますが、実際の出題もここに集中しています。しっかり学習しましょう。

16-4　資産除去債務の算定と割引率 ★★☆

　資産除去債務は、その発生時に資産除去に要する将来キャッシュ・フローを見積り、割引後の金額で算定する。

　割引前将来キャッシュ・フローの見積りは、合理的で説明可能な仮定及び予測に基づく自己の支出見積りにより、最頻値か期待値で算出する。

　割引率は貨幣の時間価値を反映した無リスクの税引前の利率とする。

　無リスクの割引率を使うのは退職給付債務の算定にも無リスクの割引率が使用され、信用リスクの高い企業が高い割引率を使用し、負債計上額が少なくなるのは財政状態を適正に示さず、自らの不履行が前提の会計処理は適当でないためである。

16-5　資産除去費用の資産計上・費用配分と開示 ★★★

　資産除去債務に対応する除去費用は、資産除去債務の負債計上時に同額を関連する有形固定資産の帳簿価額に加算し、減価償却を通じて各期に費用配分する。

　資産除去費用は、有形固定資産の除去時に不可避的に生じる支出額であり、固定資産の付随費用と同様に取得原価に加えて費用配分を行うのは、資産効率を示す観点からも有用である。

　資産除去費用は、法的な権利ではなく、独立して収益獲得に貢献しないので別の資産として計上しない。

16-6　資産除去債務の調整額と開示 ★☆☆

　時の経過による資産除去債務の調整額は、その発生時の費用として処理する。

　資産除去債務の調整額は、期首の負債の帳簿価額に当初負債計上時の割引率を乗じて算出する。

　資産除去債務の表示には1年基準を適用する。

　除去費用の費用配分額は、関連する有形固定資産の費用配分額と同じ区分に、資産除去債務の調整額も同じ区分に含めて表示する。

問題 1 次の文章の空欄に適切な語句を記入し、**各文章にタイトルを付しなさい。**

1. 資産除去債務とは、固定資産の取得等により発生する資産除去に関する法律上の義務やこれに準ずるものをいう。資産除去債務は、資産除去に関する不可避的な（ ① ）であり、経済的資源を引き渡す（ ① ）としての負債に該当する。

2. 資産除去債務は、その取得等による発生時に負債として計上する。同額を該当する有形固定資産の（ ② ）に加算し、その利用期間にわたって（ ③ ）を通じてそれを（ ④ ）する。

3. 資産除去債務の会計処理には、引当金処理と資産負債の両建処理がある。引当金処理では必ずしも（ ⑤ ）計上が十分ではなく、また、投資にあたって（ ⑥ ）すべき金額を引き上げ、さらに資産の投資（ ⑦ ）に関する有用な情報を提供すると考えられる資産負債の両建処理が採用されている。

☆
☆☆
☆

問題 2 次の文章の正否を○×で示し、×の場合はその理由を述べること。

1. 資産除去債務には、法律上の義務に準ずるものも含まれるのであるから、企業が自発的に行う資産の除去に関する義務でも、その事業目的に照らして不可避なら、資産除去債務に該当する。

2. 資産負債の両建処理と引当金処理とでは財務諸表の表示科目が異なるだけであり、実質的な金額が異なる訳ではない。

3. 資産計上された資産除去費用に関しては、有形固定資産の稼働に不可欠なものであり、これを付随費用と同様に考え資産性を認める考え方と経済的資源としての資産性を疑問視する考え方がある。

4. 企業会計原則の貸借対照表原則 五にいう費用配分は、過去支出の配分を意味するのであるから、資産負債の両建処理を採用した場合の資産除去費用の配分はこれに該当しないと考えられる。

☆

1．資産除去債務の意義と負債性

①義務

☞解説：資産除去債務に関する会計基準3（1）、概念フレームワーク第3章5、（4）

2．資産除去債務の負債計上及び資産除去費用の資産計上と費用配分

②帳簿価額　③減価償却　④費用配分

☞解説：資産除去債務に関する会計基準4、7

3．資産除去債務の経理方式と資産負債の両建処理の採用根拠

⑤負債　⑥回収　⑦効率

☞解説：資産除去債務に関する会計基準32、34、41

解答 **1**

穴埋め

短答

16

1．×（理由：自発的に行うものは資産除去債務に該当しない。）

☞基準：資産除去債務に関する会計基準28

2．×（理由：費用としての配分額が同じとしても貸借対照表の金額は異なる。）

☞基準：資産除去債務に関する会計基準34

3．○

☞基準：資産除去債務に関する会計基準42

4．○

☞基準：企業会計原則 第三 五、資産除去債務に関する会計基準41

解答 **2**

○
×

総合

資産除去債務

1. 資産除去債務とは？（　　　　　　　　　　　　　　　　　　）
2. 資産除去債務の負債性は？（　　　　　　　　　　　　　　　）

3. 資産除去債務の計上方式は？（　　　　　　　　　）（　　　　　　）
4. 資産負債の両建処理とは？（

　　　　　　　　　　　　　　　　　　　　　　　　　）
5. 引当金処理とは？（　　　　　　　　　　　　　　　　　　　　）
6. 資産負債の両建処理が採用される理由は？
　①（　　　　　　　　　　　　　　　　）
　②（　　　　　　　　　　　　　　　　　　　　　　　）

7. 資産除去債務の負債計上の時期について述べよ。
　（　　　　　　　　　　　　　　　　　　　　）
8. 資産除去費用の取扱いは？
　（　　　　　　　　　　　　　　　　　　　　）

☆
☆

資産除去債務

1. 空欄に該当する語句を答えなさい。

　資産除去債務は、有形固定資産の取得、建設、開発又は通常の使用によって（　ア　）した時に負債として計上する。

　資産除去債務に対応する除去費用は、資産除去債務を負債として計上した時に、当該負債の計上額と同額を、関連する有形固定資産の（　イ　）に加える。

　資産計上された資産除去債務に対応する除去費用は、（　ウ　）を通じて、当該有形固定資産の残存耐用年数にわたり、各期に（　エ　）する。

　　ア（　　　　　）イ（　　　　　　）ウ（　　　　　）エ（　　　　）

2.

　①資産除去債務の計上方式を2つ示しなさい（基準の方式を先に示すこと）。

　　（　　　　　　　　　　　　　　）

　②引当金処理が採用されなかった理由を簡潔に述べなさい。

　　（　　　　　　　　　　　　　　　　　）

☆
☆
☆

解答 3

1．資産除去債務とは？（有形固定資産の除去に関する法的な義務）
2．資産除去債務の負債性は？（不可避的な義務であり負債性がある）

3．資産除去債務の計上方式は？（資産負債の両建処理）（引当金処理）
4．資産負債の両建処理とは？（資産除去債務を負債計上し、同額を関連する資産の帳簿価額に加算し、各期に費用配分する方法）
5．引当金処理とは？（資産除去費用を各期に配分し、引当金計上する方法）
6．資産負債の両建処理が採用される理由は？
　①（引当金処理では、負債計上が十分でない）
　②（両建処理は、回収すべき金額を引上げ、投資効率の有用な情報を示す）

7．資産除去債務の負債計上の時期について述べよ。
　（資産除去債務は、その発生時に負債計上する）
8．資産除去費用の取扱いは？
　（負債計上額と同額を資産計上し、各期に費用配分する）

16

解答 4

1．ア（発生）　イ（帳簿価額）　ウ（減価償却）　エ（費用配分）
☞解説：資産除去債務に関する会計基準4、7

2．
　①（資産負債の両建処理、引当金処理）
☞解説：資産除去債務に関する会計基準32

　②（引当金処理では負債計上が不十分だからである。）
☞解説：資産除去債務に関する会計基準34

総合

資産除去債務

次の文章の空欄に適切な語句を記入し、**各文章にタイトルを付しなさい。**

1. 資産除去債務は、その（ ① ）時に資産除去に要する支出を見積り、現在価値に割り引いて計算する。時の経過による資産除去債務の調整額は、その（ ① ）時の（ ② ）として処理する。

2. 資産除去費用は、法的な権利ではなく（ ③ ）がない。また、独立して（ ④ ）獲得に貢献するものではないため、独立して資産に計上する処理は行わない。

3. 資産除去債務は、1年以内に履行の期日が到来する場合は（ ⑤ ）負債、その他の場合は（ ⑥ ）負債の区分に記載する。資産計上された資産除去債務に対応する除去費用に係る費用配分額は、損益計算書上、関連する有形固定資産の（ ⑦ ）と同じ区分に含めて計上し、時の経過による資産除去債務の調整額は、これと同一区分に含めて計上する。

☆
☆☆
☆

資産除去債務

次の文章の正否を○×で示し、×の場合はその理由を述べること。

1. 資産除去債務は有形固定資産に関連する負債であるから、正常営業循環基準を適用し、有形固定資産と同様の負債区分、すなわち固定負債の区分に記載する。

2. 資産除去費用に係る費用配分額は、損益計算書上、関連する有形固定資産の減価償却費と同じ区分に含めて計上し、時の経過による資産除去債務の調整額は、営業外費用にこれと区別して計上する。

3. 資産除去債務を算定する際の割引前の将来キャッシュ・フローは、自己の支出見積りにより算定し、資産除去債務を算定する際の割引率は、貨幣の時間価値を反映した無リスクの税引後の利率とする。

☆

解答
5

1．資産除去債務の算定と時の経過による資産除去債務の調整額の処理
　　①発生　②費用
　　☞解説：資産除去債務に関する会計基準6、9

2．資産除去費用を独立した資産として計上しない理由
　　③財産価値　④収益
　　☞解説：資産除去債務に関する会計基準42

3．資産除去債務、資産除去費用の配分額、時の経過による資産除去債務
　　の調整額の表示
　　⑤流動　⑥固定　⑦減価償却費
　　☞解説：資産除去債務に関する会計基準12 〜 14

穴埋め

短答

解答
6

1．×（理由：資産除去債務については、1年基準を適用する。）
　　基準：資産除去債務に関する会計基準12

2．×（理由：時の経過による資産除去債務の調整額は、同一区分に含め
　　　　て計上する。）
　　基準：資産除去債務に関する会計基準13、14

3．×（理由：税引後⇒税引前）
　　基準：資産除去債務に関する会計基準6

○
×

総合

1．資産除去債務の計上額は？（　　　　　　　　　　　　　　　　）
2．時の経過による資産除去債務の調整額の取扱いは？（　　　　　　　）

3．資産除去費用のその後の取扱いは？（　　　　　　　　　　　　　　）
4．資産除去費用を独立して資産計上しない理由は？
　①（　　　　　　　　　　　　　　　　）
　②（　　　　　　　　　　　　　　　　）

5．割引前の将来キャッシュ・フローは？（　　　　　　　　　　　）
6．割引率は？（　　　　　　　　　　　　　　　　　　　）

7．資産除去債務の計上区分は？（　　　　　　　　　　　　）
8．資産除去費用の配分額の計上区分は？（　　　　　　　　　）
9．時の経過による資産除去債務の調整額の計上区分は？

☆
☆
　（　　　　　　　　　　　　　　　　）

1．修繕は、資産の使用開始前から予想されている将来の支出であり、資産除去債務と同様に取扱わないことは整合的でないとの見解がある。資産除去債務に関する会計基準で修繕引当金を取り上げなかった理由を2つ述べなさい。
　①（　　　　　　　　　　　　　　）
　②（　　　　　　　　　　　　　　）

2．資産除去債務の計上に係る会計処理が行われる以前からこれと同様の処理を行っていた項目を指摘しなさい。
　（　　　　　　　　　　）

3．時の経過による資産除去債務の調整額が、対象となる有形固定資産の減価償却費と同じ区分に含めて計上される理由を2つ述べなさい。
　①（　　　　　　　　　　　　　）

☆
☆
☆
　②（　　　　　　　　　　　　　）

1．資産除去債務の計上額は？（資産除去に要する将来ＣＦの割引価値）
2．時の経過による資産除去債務の調整額の取扱いは？（発生時の費用）

3．資産除去費用のその後の取扱いは？（減価償却を通じて費用配分する）
4．資産除去費用を独立して資産計上しない理由は？
　①（法律上の権利ではなく、財産価値がない）
　②（独立して収益獲得に貢献しない）

5．割引前の将来キャッシュ・フローは？（自己の支出見積りによる）
6．割引率は？（貨幣の時間価値を反映した無リスクの税引前の利率）

7．資産除去債務の計上区分は？（1年基準を適用して決定する）
8．資産除去費用の配分額の計上区分は？（減価償却費と同じ区分）
9．時の経過による資産除去債務の調整額の計上区分は？
（減価償却費と同じ区分）

1．
　①（修繕引当金は、損益計算を適正に行うための貸方項目であり、債務でない引当金である。）
　②（操業停止や設備の廃棄をした場合は、修繕が不要になるため。）
　☞解説：資産除去債務に関する会計基準25

2．（固定資産の付随費用）
　☞解説：資産除去債務に関する会計基準42

3．
　①（実際の資金調達活動による費用ではないから。）
　②（退職給付会計での利息費用が退職給付費用に含められているから。）
　☞解説：資産除去債務に関する会計基準55

Chapter 17　退職給付引当金

17-1　退職給付の意義と性格　★★☆

　退職給付とは、従業員に対する退職以後の給付をいう。

　退職給付の支給方法には退職一時金と退職年金があり、積立方法には内部引当と外部積立がある。

　退職給付の性格には、賃金後払説が採用されている。

17-2　計算要素の定義　★☆☆

　退職給付債務とは、退職給付のうち、認識時点までに発生していると認められる部分を割り引いたものをいう。

　勤務費用とは、1期間の労働の対価として発生したと認められる退職給付をいう。

　利息費用とは、割引計算により算定された期首時点における退職給付債務について期末までの時の経過により発生する計算上の利息をいう。

　期待運用収益とは、年金資産の運用により生じると合理的に期待される計算上の収益をいう。

賃金の後払いの意味を持つ退職給付に対して設定されるのが退職給付引当金です。

17-3　退職給付債務　★★★

　退職給付債務は支出までの期間が長いため、退職給付見込額の うち認識時点までの発生額を割引計算する。

　割引率は安全性の高い債券の利回りを基礎とする。

　退職給付見込額の期間帰属額の決定方法には期間定額基準と給 付算定式基準がある。

　給付算定式に従って費用が増加する取扱いが実態を表すが、直 接観察できない労働サービスの費消態様に合理的な仮定を置かざ るを得ない以上、期間定額基準を否定する根拠は乏しく、選択適用 とされる。

17-4　年金資産　★★☆

　年金資産とは、退職給付のために積み立てられた資産をいい、期 末の公正な評価額で評価する。

　年金資産は退職給付の支払いのみに使用され、独立した資産で はないので、他の収益獲得のために保有する資産とは区別して、退 職給付債務から控除して表示する。

17-5　遅延認識　★★☆

　過去勤務費用については、増加する収益との対応を図るため、数 理計算上の差異には、予測数値の修正も反映されるため遅延認識 が認められている。

　数理計算上の差異の処理方法には、現行制度上採用されている 重要性基準（計算基礎の決定に重要性の判断を認める方法）と回 廊アプローチ（毎期末時点で厳密に計算し、計算差異に一定の許 容範囲を設ける方法）があり、退職給付の計算が長期的な見積計 算であるため重要性基準が採用されている。

次の文章の空欄に適切な語句を記入し、各文章にタイトルを付しなさい。

1．退職給付とは、退職以後に従業員に支給される給付をいい、退職一時金と退職年金がある。退職給付は、賃金の（　①　）の性格を有する。

2．退職給付は、その（　②　）が（　③　）の事象に起因する（　④　）の特定の費用的支出であり、このうち当期の負担に属すべき金額は、その（　②　）した期間の費用として認識し、同額を退職給付引当金に計上する。ここに（　②　）とは狭義には経済価値の（　⑤　）をいい、広義にはその（　⑥　）の発生を含む。

3．退職給付債務とは、退職給付のうち認識時点までに（　②　）しているものをいい、退職給付までが長期であるため（　⑦　）の方法により測定する。

4．年金資産とは、退職給付に充てるために積立てられた資産をいう。年金資産は退職給付の支払のみに使用され、（　⑧　）獲得に貢献する一般の資産と同様に表示するのは問題があり、（　⑨　）の計算上、控除される。

☆
☆☆
☆

次の文章の正否を○×で示し、×の場合はその理由を述べること。

1．従業員に対する退職以後の給付であれば、退職給付の支給方法（一時金支給、年金支給）や退職給付の積立方法（内部引当、外部積立）が異なってもすべて退職給付に該当する。

2．退職給付債務の計算については、退職時に見込まれる退職給付の総額を一定の割引率により残存勤務期間にわたって割引いて計算する。

3．企業年金制度に基づき退職給付に充てるため外部に積み立てている年金資産については、公正な評価額により計算して貸借対照表の資産の部に計上する。

4．退職給付引当金は、過去に消費された労働サービスに見合って計上されるものであり、投資の成果を測定した結果として付される測定値に過ぎず、負債の測定値としての独立した意味を有していない。

☆

解答
1

穴埋め

短答

1．退職給付の意義と性格

①後払い

☞解説：退職給付に関する会計基準 3 、43、53

2．退職給付費用の認識と退職給付引当金の計上

②発生　③当期以前　④将来　⑤費消　⑥原因

☞解説：退職給付に関する会計基準 53

3．退職給付債務の意義と計算

⑦割引計算（現価方式）

☞解説：退職給付に関する会計基準 6 、16

4．年金資産の意義と取扱い

⑧収益　⑨退職給付引当金

☞解説：退職給付に関する会計基準 7 、69

17

解答
2

○×

総合

1．○

☞基準：退職給付に関する会計基準 53

☞補足：退職給付に対する対処には、外部にその資金を拠出する方式（外部積立）と
内部でその分の資金を準備する方式（内部引当）があります。

2．×（理由：期末までに発生している金額に限定される。）

☞基準：退職給付に関する会計基準 16

**3．×（理由：年金資産は退職給付債務から控除して退職給付引当金とし
て表示する。）**

☞基準：退職給付に関する会計基準 13、22

4．○

☞解説：退職給付会計は、費用配分の意味を持ち、退職給付債務（引当金）は、独立
した負債としての意味はありません。概念フレームワーク第 4 章 55 参照。

退職給付引当金

1．退職給付とは？（　　　　　　　　　　　　　　　　　）
2．退職給付の性格は？（　　　　　　　）
3．退職給付費用の認識に関する損益計算書原則は？（　　　　　　　）
4．発生主義の原則における発生の意味は？
　　①（　　　　　　　　　）②（　　　　　　　　　　　）

5．退職給付見込額のうち期末までの発生額の計算方式は？
　　①（　　　　　　　）②（　　　　　　　　　）
6．退職給付引当金の計算は？（　　　　　　　　　　　　　　）

7．退職給付債務とは？（　　　　　　　　　　　　　　　　　　）
8．退職給付債務の測定は？（　　　　　　　　　　　　）
9．退職給付債務が割引計算される理由は？（　　　　　　　　　）

☆☆ 10．年金資産の評価額は？（　　　　　　　　　　　）
11．年金資産を独立表示しない理由は？（　　　　　　　　　　）

退職給付引当金

1．空欄に該当する語句を答えなさい。
　　退職給付債務とは、一定の期間にわたり労働を提供したこと等の事由に基づいて、退職以後に従業員に支給される給付（以下「退職給付」という。）のうち認識時点までに（　ア　）していると認められるものをいい、（　イ　）により測定される。年金資産とは、（　ウ　）に基づき退職給付に充てるため積み立てられている資産をいう。
　　ア（　　　　　）イ（　　　　　）ウ（　　　　）

2．退職給付引当金の設定は発生主義の原則により根拠付けられるが、費用の認識における発生の意味を狭義と広義の別に述べなさい。
　　①狭義（　　　　　　　　　）②広義（　　　　　　　　）

3．退職給付費用の認識と退職給付引当金計上の因果関係を説明しなさい。
　　（　　　　　　　　　　　　　　　　　　）

☆☆☆

解答
3

1．退職給付とは？（退職以後に従業員に支給される給付）
2．退職給付の性格は？（賃金の後払い）
3．退職給付費用の認識に関する損益計算書原則は？（発生主義の原則）
4．発生主義の原則における発生の意味は？
　①（経済価値の費消）　②（①とその原因の発生）

5．退職給付見込額のうち期末までの発生額の計算方式は？
　①（期間定額基準）　②（給付算定式基準）
6．退職給付引当金の計算は？（認識時点の退職給付債務－年金資産）

7．退職給付債務とは？（退職給付のうち認識時点までに発生しているもの）
8．退職給付債務の測定は？（割引計算により測定する）
9．退職給付債務が割引計算される理由は？（支払までの期間が長期だから）

10．年金資産の評価額は？（期末における公正な評価額）
11．年金資産を独立表示しない理由は？（退職給付のみに使用されるため）

17

解答
4

1．ア（発生）　イ（割引計算）　ウ（企業年金制度）
　☞解説：退職給付に関する会計基準3、6、7

2．
　①狭義（経済価値の費消）　②広義（①に加えてその原因の発生）

3．（退職給付費用を認識し、同額の退職給付引当金が計上される）
　☞解説：退職給付に関する会計基準54

次の文章の空欄に適切な語句を記入し、各文章にタイトルを付しなさい。

1. 過去勤務費用は、給付水準の改定等が及ぼす従業員の勤労意欲の向上により増加する（ ① ）との対応を図るため、数理計算上の差異は、予測と実績の乖離だけでなく、（ ② ）数値の修正も反映され、各期の差異を一時に費用とするのは適切でないため、それぞれ遅延認識が行われる。

2. 退職給付見込額のうちの期末発生額の計算方式としては、継続適用を要件として（ ③ ）基準と（ ④ ）基準の選択適用が認められている。

3. 回廊アプローチとは、退職給付債務等を毎期末時点で厳密に計算し、その結果生じた計算差異に一定の（ ⑤ ）を設ける方法である。重要性基準とは、（ ⑥ ）の決定にあたって合理的な範囲で重要性による判断を認める方法である。退職給付に関する会計基準では、退職給付費用が（ ⑦ ）的な見積計算であることから、重要性による判断を認める重要性基準の考え方によっている。

☆
☆☆☆

次の文章の正否を○×で示し、×の場合はその理由を述べること。

1. 過去勤務費用は、従業員の過去の勤務に基づく退職給付債務であるから、退職給付債務が増加し、費用処理することがあっても、利益処理を行うことはない。

2. 過去勤務費用および数理計算上の差異は、原則として、各期の発生額について平均残存勤務期間以内の一定の年数で按分した額を毎期費用処理しなければならない。

3. 数理計算上の差異の処理方式には、回廊アプローチと重要性基準があるが、継続適用を条件に両者の選択適用が認められている。

4. 利息費用は、期末の退職給付債務に割引率を乗じて計算する。

☆

1．過去勤務費用と数理計算上の差異を遅延認識する理由
　①収益　②予測
　☞解説：退職給付に関する会計基準 67

2．発生額の計算方式
　③期間定額　④給付算定式
　☞解説：退職給付に関する会計基準 19

3．数理計算上の差異の処理方式
　⑤回廊　⑥計算基礎　⑦長期
　☞解説：退職給付に関する会計基準 67

解答
5

穴埋め

短答

17

1． ×（理由：利益処理が行われることもある。）
　☞基準：退職給付に関する会計基準 12（費用処理につき 11 を参照）

2． ○
　☞基準：退職給付に関する会計基準 24、25

3． ×（理由：選択適用ではなく、重要性基準が採用されている。）
　☞基準：退職給付に関する会計基準 67

4． ×（理由：期末⇒期首）
　☞基準：退職給付に関する会計基準 21

解答
6

○×

総合

退職給付引当金

1. 退職給付債務の算定に用いる割引率は？（　　　　　　　　　）

2. 利息費用の算出方法は？

　（　　　　　　　　　　　　　　　　）

3. 未認識過去勤務費用及び未認識数理計算上の差異の処理方法は？

　（　　　　　　　　　　　　　　　）

4. 未認識過去勤務費用を遅延認識する理由は？

　（　　　　　　　　　　　　　　　）

5. 未認識数理計算上の差異を遅延認識する理由は？

　（　　　　　　　　　　　　　　　）

6. 数理計算上の差異の取扱い方法を２つあげよ（基準の採用する方法を先にあげること）。

　① （　　　　　　　　）　② （　　　　　　　　）

☆
☆
7. 重要性基準を採用した理由は？（　　　　　　　　　　　　）

退職給付引当金

1. **空欄に該当する語句を答えなさい。**

　過去勤務費用とは、退職給付水準の改訂等に起因して発生した退職給付債務の（　ア　）部分をいう。なお、このうち費用処理されていないものを（　イ　）過去勤務費用という。

　数理計算上の差異とは、①年金資産の期待運用収益と実際の運用成果との差異、②退職給付債務の数理計算に用いた見積数値と実績との差異及び③見積数値の変更等により発生した差異をいう。なお、このうち費用処理されていないものを（　イ　）数理計算上の差異という。

　ア （　　　　　　　）イ （　　　　　　　）

2. **（　イ　）過去勤務費用について、遅延認識が行われる理由を費用収益の対応という観点から述べなさい。**

　（＿＿＿＿＿＿＿＿＿＿＿＿＿＿＿＿＿＿＿＿＿＿＿＿＿＿＿＿＿

　＿＿＿＿＿＿＿＿＿＿＿＿＿＿＿＿＿＿＿＿＿＿＿＿＿＿＿＿＿）

☆
☆
3. **下線部①から③のうち（　イ　）数理計算上の差異を遅延認識する根拠となり得るものを番号で指摘しなさい。**

　（　　　　）

解答 7

1．退職給付債務の算定に用いる割引率は？（安全性の高い債券の利回り）
2．利息費用の算出方法は？
　（期首の退職給付債務に割引率を乗じて算出する）

3．未認識過去勤務費用及び未認識数理計算上の差異の処理方法は？
　（平均残存勤務期間内での費用処理）
4．未認識過去勤務費用を遅延認識する理由は？
　（発生の効果が将来にも及ぶため）
5．未認識数理計算上の差異を遅延認識する理由は？
　（見積数値の修正も反映されるため）

6．数理計算上の差異の取扱い方法を２つあげよ（基準の採用する方法を
　先にあげること）。
　①（重要性基準）　②（回廊アプローチ）
7．重要性基準を採用した理由は？（長期的な見積り計算のため）

17

解答 8

1．ア（増加又は減少）　イ（未認識）
　☞解説：退職給付に関する会計基準 11、12

2．（給付水準の改定等により従業員の勤労意欲が向上し、増加した収益と
　の対応を図るため、過去勤務費用の遅延認識が認められている。）
　☞解説：退職給付に関する会計基準 67

3．（　③　）
　☞解説：退職給付に関する会計基準 67

Chapter 18 研究開発費

18-1 研究と開発の意義 ★☆☆

　研究とは、新しい知識の発見のための調査探究をいい、開発とは、その知識の具体化をいう。

　研究開発費には、研究開発のために費消されたすべての原価が含まれる。

　ソフトウェアとは、プログラムのことをいう。

18-2 研究開発費基準設定の趣旨 ★☆☆

　研究開発費基準は、研究開発費が投資情報として有用であり、会計処理が任意では企業間比較を害し、また会計基準の国際的調和化に資するために設定された。

18-3 研究開発費の処理と開示 ★★★

　研究開発費は、発生時に費用処理する。

　費用処理の方法には一般管理費か、当期製造費用として処理する方法がある。

　研究開発費を発生時に費用処理するのは、将来の収益獲得が不確実であり、資産計上要件の客観化が困難なまま資産計上を認めると企業間比較が困難だからである。

　研究開発費の総額は、企業間の比較可能性の確保のため財務諸表に注記しなければならない。

「研究開発費等に係る会計基準」はそれほど大きな会計基準ではありませんが、よく出題されています。

18-4　ソフトウェア制作費　　　　★★☆

　ソフトウェア制作費の会計処理は、将来の収益との対応関係が異なるため制作目的別に定められている。

　研究開発目的であれば研究開発費として処理する。

　受注制作目的であれば請負工事に準じて処理する。

　市場販売目的のソフトウェア制作費のうちソフトウェアの機能維持に要したものは、費用として処理し、それ以外は無形固定資産として処理する。

18-5　無形固定資産として計上する場合　　　　★★☆

　自社利用のソフトウェアについては、将来の収益獲得又は費用削減が確実な場合は無形固定資産に計上する。

　市場販売目的のソフトウェア制作費は、①製品マスター自体が販売の対象物ではなく、②製品マスターを利用して製品を作成しており、③製品マスター自体が著作権を有し、④原価計算により取得原価を明確化できることから、研究開発費に該当するものを除き、無形固定資産として計上する。

次の文章の空欄に適切な語句を記入し、各文章にタイトルを付しなさい。

1．研究開発費には、研究や開発に要した原価の費消額が含まれ、研究開発費の支出額は（①）時の（②）として処理する。他の用途に利用できない研究開発専用資産の取得原価は、取得時における研究開発費とする。

2．研究開発費を（①）時に（②）として処理するのは、研究開発による（③）の獲得が確実とはいえず、資産計上の要件が客観的でないまま資産計上を求めると（④）間の比較可能性を害するためである。

3．従来、研究開発費は、費用処理以外に適正な期間損益計算を行う見地から将来の収益と対応させるために（⑤）としての任意計上が認められていた。この取扱いは会計情報の質的特性としての（⑥）を害すると考えられる。

☆☆☆
4．ソフトウェアについては、その（⑦）によって将来の収益との（⑧）関係が異なるため、（⑦）別に会計処理が定められている。

次の文章の正否を○×で示し、×の場合はその理由を述べること。

1．研究開発費等に係る会計基準にいう開発とは、新しい製品等についての計画若しくは設計又は既存の製品等を著しく改良するための計画若しくは設計として、研究の成果その他の知識を具体化することをいう。そのため、新経営組織採用のための特別費用も、ここでいう研究開発費に含まれる。

2．研究開発費は、発生時には将来の収益を獲得できるか否かが不明であり、また、研究開発計画が進行し、将来の収益の獲得期待が高まったとしても、依然としてその獲得が確実であるとはいえない。

3．研究開発用の機械装置等の取得原価は、その資産が研究開発終了後に他の用途に転用される場合も取得時の研究開発費とする。

☆
4．当期に発生した研究開発費は一般管理費又は当期製造費用として処理され、そのすべてが当期の費用となる。

1. 研究開発費の処理

①発生　②費用

☞解説：研究開発費等に係る会計基準の設定について 三 2

2. 研究開発費を費用処理する理由

③収益　④企業

☞解説：研究開発費等に係る会計基準の設定について 三 2

3. 従来の研究開発費の取扱い

⑤繰延資産　⑥比較可能性

☞解説：研究開発費等に係る会計基準の設定について 三 2

4. ソフトウェアの会計処理

⑦制作目的　⑧対応

☞解説：研究開発費等に係る会計基準の設定について 三 3

穴埋め

短答

18

1. × （理由：新経営組織を採用するための支出は研究開発費に該当しない。）

☞基準：研究開発費等に係る会計基準 一 1

2. ○

☞基準：研究開発費等に係る会計基準の設定について 三 2

3. × （理由：他の用途に転用可能な場合は、取得時の研究開発費としない。）

☞基準：研究開発費等に係る会計基準 注1
☞解説：研究開発専用資産については、取得原価を研究開発費とするが、他の用途に
転用が可能な研究開発用資産は、減価償却費を研究開発費とします。

4. × （理由：製造原価に含まれた仕掛品等として費用にならない部分が
ある。）

☞基準：研究開発費等に係る会計基準 注2

○×

総合

問題 3 研究開発費

1. 研究とは？（　　　　　　　　　　　　　　）
2. 開発とは？（　　　　　　　　）

3. 研究開発費の処理は？（　　　　　　　　　　　）
4. 研究開発費の費用処理の方法は？（　　　　　　）（　　　　　　　）
5. 研究開発費を発生時に費用処理する根拠は？
   ①（　　　　　　　　　　　　）②（　　　　　　　　　　　　　　　）
6. 研究開発専用資産の取得時の取扱いは？
   （　　　　　　　　　　　　　　）

7. 従来の研究開発費処理の問題点は？（　　　　　　　　　　　）

8. ソフトウェア制作費の会計処理が制作目的別に定められている理由
   は？
   （　　　　　　　　　　　　　　　　　　　　　　　　　　　）

☆
☆

問題 4 研究開発費

1. 下記①から④を解答欄の項目に区別し、符号で示しなさい。
   ①当期における新市場開拓のための特別な支出
   ②当期における新製品開発のための特別な支出
   ③当期における資源の開発のための特別な支出
   ④当期における研究開発目的専用で使用する機械（研究開発終了後に
   　他の用途に転用することができるが転用の予定はない）を購入する
   　ための支出

   研究開発費に該当する項目　　　　　　　　　　　　　（　　　）
   研究開発費に該当せず、当期の費用として処理する項目（　　　）
   研究開発費に該当せず、繰延資産計上が可能な項目　　（　　　）
   資産として計上し、決算で償却を要する項目　　　　　（　　　）

2. 研究開発費を発生時に費用処理する理由を2つ述べなさい。
   （　　　　　　　　　　　　　　　　　　　　　　　）
   （　　　　　　　　　　　　　　　　　　　　　　　）

☆
☆

185

解答
3

1．研究とは？（新知識の発見のための調査探究）

2．開発とは？（研究の具体化）

3．研究開発費の処理は？（発生時に費用処理する）

4．研究開発費の費用処理の方法は？（一般管理費）（当期製造費用）

5．研究開発費を発生時に費用処理する根拠は？

①（収益獲得が不確実である）②（資産計上要件の客観化が困難である）

6．研究開発専用資産の取得時の取扱いは？

（取得原価を研究開発費とする）

7．従来の研究開発費処理の問題点は？（企業間比較を害する）

8．ソフトウェア制作費の会計処理が制作目的別に定められている理由
は？

（制作目的により、将来の収益との対応関係が異なるため）

18

解答
4

1．

研究開発費に該当する項目　　　　　　　（　②　）

研究開発費に該当せず、当期の費用として処理する項目（　－　）

研究開発費に該当せず、繰延資産計上が可能な項目　（　①　、③　）

資産として計上し、決算で償却を要する項目　　　（　④　）

☞解説：研究開発費等に係る会計基準一　1、繰延資産の会計処理に関する当面の取扱
い3

2．（収益の獲得が不確実である）

（資産計上した場合の要件を客観化することが困難である）

☞解説：研究開発費等に係る会計基準の設定について三　2

問題 5

次の文章の空欄に適切な語句を記入し、各文章にタイトルを付しなさい。

1. ソフトウェア制作費の会計処理は収益との（ ① ）関係を考慮し、制作目的別に定められている。（ ② ）制作目的の場合は、請負工事の会計基準に準じて処理するが、市場販売目的と自社利用目的の場合は、（ ③ ）の区分に計上する。（ ③ ）に計上されたソフトウェアは一定の方法による償却を要する。

2. 市場販売目的のソフトウェアについては、（ ④ ）が（ ③ ）に計上される。ソフトウェア制作費でも研究開発費に該当するものは、発生時に費用として処理する。無形固定資産とされる市場販売目的のソフトウェアは、（ ⑤ ）数量（収益）に応じて償却するが、毎期の償却額は均等配分額を下回ってはならない。

3. 自社利用のソフトウェアは、将来の（ ⑥ ）に対する貢献、ないしは（ ⑦ ）削減効果が認められる場合は、将来の（ ⑥ ）との（ ① ）を図るため、無形固定資産として計上し、定額法等により償却する必要がある。

☆☆☆

問題 6

次の文章の正否を○×で示し、×の場合はその理由を述べること。

1. 市場販売目的のソフトウェアである製品マスターの制作費は、すべて資産として計上しなければならない。

2. 製品マスターの制作費を無形固定資産として計上する理由としては、製品マスター自体が販売の対象物ではなく、機械装置等と同様に製品マスターを利用（複写）して製品を作成している、製品マスターが法的権利（著作権）を有している、適正な原価計算により取得原価を明確化できる点があげられる。

3. 制作途中のソフトウェアの制作費については、流動資産の仮勘定として計上する。

4. 自社利用のソフトウェアについては、その利用により将来の収益獲得または費用削減が確実であると認められる場合は、当該ソフトウェアの取得に要した費用を無形固定資産の区分に計上しなければならない。

☆

1．ソフトウェア制作費の会計処理
　①対応　②受注　③無形固定資産

2．市場販売目的のソフトウェアの会計処理
　④製品マスターの制作費　⑤見込販売

3．自社利用のソフトウェアの会計処理
　⑥収益　⑦費用

　☞解説：研究開発費等に係る会計基準四1～3、研究開発費等に係る会計基準の設定
　　　　について 三 3

解答 **5**

穴埋め

短答

18

1． ×（理由：研究開発費に該当する場合は、発生時に費用処理される。）
　☞基準：研究開発費等に係る会計基準三

2． ○
　☞基準：研究開発費等に係る会計基準の設定について三3（3）②ロ

3． ×（理由：流動資産⇒無形固定資産）
　☞解説：制作途中のソフトウェアの制作費は、無形固定資産に「ソフトウェア仮勘定」
　　　　等として表示します。
　☞基準：研究開発費等に係る会計基準 注4

4． ○
　☞基準：研究開発費等に係る会計基準の設定について三3（3）③

解答 **6**

○×

総合

1．受注制作のソフトウェアの制作費の会計処理は？
（　　　　　　　　　　　　　）

2．自社利用のソフトウェアを資産計上する要件は？
（　　　　　　　　　　　　　　　　　　）

3．市場販売目的のソフトウェアの減価償却方法は？
（　　　　　　　　　　　　　　　　　）

4．製品マスターを資産計上する理由は？
①（　　　　　　　　　　　　　　　　　　　　　　　　）
②（　　　　　　　　　　　　　　　　　　　　　　　　）
③（　　　　　　　　　　　　　　　　　　　　　　　　）
④（　　　　　　　　　　　　　　　　　　　　　　　　）

5．制作途中のソフトウェアの表示区分は？（　　　　　　　　）

下記①から⑤を解答欄の項目に区別し、番号で示しなさい。

①市場販売目的のソフトウェア制作費のうち最初に製品化された製品マスターの制作費
②市場販売目的のソフトウェア制作費のうち研究開発の終了時以後に発生する製品マスターの著しい改良に要した費用
③購入したソフトウェアを利用するために旧システムのデータをコンバートするための費用及びソフトウェア操作のトレーニング費用
④市場販売目的のソフトウェア制作費のうち研究開発の終了時以後に発生するソフトウェアの操作性向上のための費用
⑤購入した市場販売目的のソフトウェアについて機能の改良・強化を行なうため主要なプログラムの過半を再制作した場合の再制作費用

研究開発費に該当する項目　　　　　　　　　　　　　　（　　）
研究開発費に該当せず、当期の費用として処理する項目（　　）
研究開発費に該当せず、繰延資産計上が可能な項目　　（　　）
資産として計上し、決算で償却を要する項目　　　　　（　　）

1．受注制作のソフトウェアの制作費の会計処理は？
（請負工事の会計処理に準ずる）

2．自社利用のソフトウェアを資産計上する要件は？
（将来の収益獲得または費用削減が確実であること）

3．市場販売目的のソフトウェアの減価償却方法は？
（見込販売数量に基づく償却方法等の合理的な方法）

4．製品マスターを資産計上する理由は？
① （製品マスター自体が販売の対象物ではない）
② （機械装置等と同様に製品マスターを利用（複写）して製品を作成する）
③ （製品マスターは法的権利（著作権）を有している）
④ （適正な原価計算により取得原価を明確にできる）

5．制作途中のソフトウェアの表示区分は？ （無形固定資産）

解答7

18

研究開発費に該当する項目 　　　　　　　　　　　（①、②、⑤）
研究開発費に該当せず、当期の費用として処理する項目 　（ ③ ）
研究開発費に該当せず、繰延資産計上が可能な項目 　　（ － ）
資産として計上し、決算で償却を要する項目 　　　　（ ④ ）

解答8

☞解説：①研究開発費等に係る会計基準の設定について三3（3）②イ
　　　②研究開発費等に係る会計基準一1
　　　③データーコンバート費用（移管費用）やソフトウェア操作のトレーニング
　　　　費用は、ソフトウェアの価値を高めるものではなく、発生時の費用とされ
　　　　ます。
　　　④市場販売目的のソフトウェア制作費のうち無形固定資産として計上される
　　　　ものの典型です。
　　　⑤購入したソフトウェアの機能の改良・強化のためにソフトウェアを修正し
　　　　た場合は、購入したソフトウェアの取得原価に算入します。ただし、その
　　　　修正が著しい場合は、発生時に費用処理されます。プログラムの過半を作
　　　　り直すケースは、この著しい改良に該当します（研究開発費等に係る会計
　　　　基準 注3参照）。

Chapter 19　変更・誤謬基準

19-1　会計上の変更等　★★☆

　会計上の変更には会計方針の変更、表示方法の変更、会計上の見積りの変更がある。

　会計上の変更等のうち会計方針の変更、表示方法の変更、過去の誤謬の訂正については遡及処理を要し、会計方針の変更があった場合は遡及適用、表示方法の変更があった場合は財務諸表の組替え、過去の誤謬の訂正があった場合は、修正再表示を行う。

19-2　会計方針の変更　★★☆

　会計方針とは、会計処理の原則及び手続をいう。

　会計方針の変更とは、一般に公正妥当と認められた会計方針間の変更をいう。

　正当な理由による会計方針の変更には会計基準等の改正に伴う会計方針の変更とそれ以外の正当な理由による変更の場合がある。

　正当な理由による変更があった場合は、経過規定があれば、それに従いそれ以外はすべての期間に遡及適用する。

　会計方針の変更を行った場合に遡及適用するのは、財務諸表全般の比較可能性が高まり、情報の有用性が高まるためである。

　会計方針や表示方法を変更した場合の取扱いについて学習します。

19-3　表示方法の変更　　★☆☆

　表示方法とは、財務諸表の作成に採用した表示の方法である。

　表示方法の変更とは、一般に公正妥当と認められた表示方法間の変更をいう。

　表示方法を変更した場合は、表示する過去の財務諸表について、新たな表示方法に従い財務諸表の組替えを行う。

　表示方法の変更を行った場合に過去の財務諸表の組替えを行うのは、財務諸表全般についての比較可能性が高まり、情報の有用性が高まるためである。

19-4　会計上の見積りの変更　　★★☆

　会計上の見積りとは、財務諸表項目の額に不確実性がある場合に、合理的な金額を算出することをいう。

　会計上の見積りの変更とは、新たに入手可能となった情報に基づき過去の会計上の見積りを変更することをいう。

　その変更が変更期のみに影響する場合は、変更期に会計処理を行い、将来にも影響する場合は、将来にわたり会計処理を行う。

　会計上の見積りの変更は、新しい情報によってもたらされるものであるとの認識から、過去に遡って処理せず、その影響は将来に向けて認識する。

19-5　過去の誤謬の訂正　　★☆☆

　過去の財務諸表における誤謬が発見された場合は、修正再表示する。

　修正再表示は期間比較が可能な情報を開示する観点から有用である。

問題 1

次の文章の空欄に適切な語句を記入し、各文章にタイトルを付しなさい。

1. 会計方針とは、会計処理の（ ① ）及び（ ② ）をいう。認められる会計方針間で変更をした場合は、新たな会計方針を過去の期間の全てに（ ③ ）する。（ ③ ）により財務諸表全般の（ ④ ）と情報の（ ⑤ ）が高まる。

2. 表示方法とは、財務諸表の作成に採用した表示の方法をいう。認められる表示方法間で変更をした場合は、財務諸表の（ ⑥ ）を行う。財務諸表の（ ⑥ ）により、財務諸表全般の（ ④ ）と情報の（ ⑤ ）が高まる。

3. 会計上の見積りとは、財務諸表項目の額に（ ⑦ ）がある場合、財務諸表作成時に入手可能な情報に基づいて、合理的な金額を算出することをいう。

4. 誤謬とは、財務諸表作成時に入手可能な情報を使用せず、または誤用による一定の誤りをいう。誤謬が発見された場合、（ ⑧ ）する。（ ⑧ ）は、期間比較が可能な情報を開示する観点から有用である。

☆
☆☆

問題 2

次の文章の正否を○×で示し、×の場合はその理由を述べること。

1. 会計方針の変更は正当な理由がなくても、変更事由、財務諸表の記載額への影響額等を注記することにより認められる。

2. 表示方法の変更は、会計方針の変更とは異なり、財務諸表の具体的な記載金額への影響はないのであるから、注記を条件に変更が認められる。

3. 会計方針の変更、表示方法の変更及び会計上の見積りの変更を合わせて会計上の変更という。会計上の変更があった場合には、過去の財務諸表を遡って修正する処理が必要である。

4. 誤謬を修正再表示する考え方を導入することは、期間比較が可能な情報を開示するという観点から有用である。

☆

1. 会計方針の意義と変更時の取扱い

①原則　②手続　③遡及適用　④比較可能性　⑤有用性

☞解説：会計方針の開示、会計上の変更及び誤謬の訂正に関する会計基準4（1）、6、46

2. 表示方法の意義と変更時の取扱い

⑥組替え

☞解説：会計方針の開示、会計上の変更及び誤謬の訂正に関する会計基準4（2）、14、52

3. 会計上の見積りの意義

⑦不確実性

☞解説：会計方針の開示、会計上の変更及び誤謬の訂正に関する会計基準4（3）、17、55

4. 誤謬の意義と変更時の取扱い

⑧修正再表示

☞解説：会計方針の開示、会計上の変更及び誤謬の訂正に関する会計基準4（8）、21、65

19

---

1. ×（理由：正当な理由がない限り、会計方針の変更は認められない。）

☞基準：会計方針の開示、会計上の変更及び誤謬の訂正に関する会計基準5

2. ×（理由：会計基準等による変更やより適切な変更以外は認められない。）

☞基準：会計方針の開示、会計上の変更及び誤謬の訂正に関する会計基準13、52

3. ×（理由：会計上の見積りの変更は遡及しない。）

☞基準：会計方針の開示、会計上の変更及び誤謬の訂正に関する会計基準17、55

4. ○

☞基準：会計方針の開示、会計上の変更及び誤謬の訂正に関する会計基準65

問題 3

変更・誤謬基準

1. 会計方針とは？（　　　　　　　　　　　　）
2. 会計方針の変更時の取扱いは？（　　　　　）
3. 会計方針の変更時に遡及適用することにより高まるのは？
　（　　　　　　　　　　　　　　　　）

4. 表示方法とは？（　　　　　　　　　　　　　）
5. 表示方法の変更時の取扱いは？（　　　　　　　）
6. 表示方法の変更時に財務諸表の組替えを行うことで高まるのは？
　（　　　　　　　　　　　　　　　）

7. 会計上の見積りとは？
　（　　　　　　　　　　　　　　　　　　　　　　　　）
8. 誤謬とは？（　　　　　　）

☆☆
9. 誤謬があったときの取扱いは？（　　　　　　）
10. 修正再表示の有用性は？（　　　　　　　　　　　）

問題 4

変更・誤謬基準

1. 次のそれぞれの定義が示すものの名称を指摘しなさい。
　ア　財務諸表の作成にあたって採用した会計処理の原則及び手続
　イ　財務諸表の作成にあたって採用した表示の方法
　ウ　資産及び負債や収益及び費用等の額に不確実性がある場合において、財務諸表作成時に入手可能な情報に基づき、その合理的な金額を算出すること
　エ　原因となる行為が意図的であるか否かにかかわらず、財務諸表作成時に入手可能な情報を使用せず、又はこれを誤用したことによる誤り
　ア（　　　　　）イ（　　　　　）ウ（　　　　　）エ（　　　　　）

2. ①下記ア～エのうち遡及処理しないものを記号で指摘しなさい。
　②下記ア～エのうち遡及処理するものの記号と遡及処理名を示しなさい。
　ア　会計方針の変更　　　　イ　表示方法の変更
　ウ　会計上の見積りの変更　エ　誤謬の訂正
　①（　　）

☆☆☆
　②〔　　〕（　　　　　）〔　　〕（　　　　　）〔　　〕（　　　　　）

解答
3

1．会計方針とは？（会計処理の原則及び手続）
2．会計方針の変更時の取扱いは？（遡及適用）
3．会計方針の変更時に遡及適用することにより高まるのは？
　（財務諸表全般の比較可能性と情報の有用性）

4．表示方法とは？（財務諸表の作成に採用した表示の方法）
5．表示方法の変更時の取扱いは？（財務諸表の組替え）
6．表示方法の変更時に財務諸表の組替えを行うことで高まるのは？
　（財務諸表全般の比較可能性と情報の有用性）

7．会計上の見積りとは？
　（財務諸表項目の額に不確実性がある場合に、合理的な金額を算出すること）
8．誤謬とは？（一定の誤り）
9．誤謬があったときの取扱いは？（修正再表示）
10．修正再表示の有用性は？（期間比較が可能な情報を開示する観点から有用）

解答
4

1．ア（会計方針）　イ（表示方法）　ウ（会計上の見積り）　エ（誤謬）
　☞解説：会計方針の開示、会計上の変更及び誤謬の訂正に関する会計基準4

2．①（ウ）
　②〔ア〕（遡及適用）　〔イ〕（財務諸表の組替え）　〔エ〕（修正再表示）
　☞解説：会計方針の開示、会計上の変更及び誤謬の訂正に関する会計基準6、14、17、21

事　象		遡及処理	遡及処理名
会計上の変更	①会計方針の変更	○	遡及適用
	②表示方法の変更	○	財務諸表の組替え
	③会計上の見積りの変更	×	－
④過去の誤謬の訂正		○	修正再表示

次の文章の空欄に適切な語句を記入し、**各文章にタイトルを付しなさい。**

1. 会計上の見積りの変更が行われた場合には、見積りの変更が変更期間のみに影響するときは、当該変更期間に会計処理を行い、将来の期間にも影響するときは、将来にわたり会計処理を行う。このような取扱いは、見積りの変更が（　①　）によりもたらされるとの認識から、過去に遡って処理せず、その影響は将来に向けて認識するとの考え方がとられているためである。

2. 固定資産の耐用年数の変更等についての処理方式には、影響額を変更時に処理する（　②　）方式と影響額を変更時以後に影響させる（　③　）方式がある。現行制度上は、（　③　）方式が採用されているため、臨時償却は行われない。

3. 減価償却方法の変更は、（　④　）の変更に該当するが、固定資産に関する経済的便益の（　⑤　）パターンの見積りの変更を伴うため、（　④　）の変更と（　⑥　）の変更の区別が困難な場合に該当するものとし、遡及処理はしない。

変更・誤謬基準

☆
☆☆
☆

問題 **6**

次の文章の正否を○×で示し、×の場合はその理由を述べること。

1. 会計上の見積りの変更は、新しい情報によってもたらされるものであるとの認識から、過去に遡って処理せず、その影響は将来に向けて認識することとされている。

2. 減価償却資産について減価償却の基礎となる耐用年数を変更することは、会計方針の変更に該当する。

3. 減価償却方法の変更は、固定資産に関する経済的便益の消費パターンの見積りの変更を伴うため、会計方針には該当せず、過去の財務諸表を遡及して修正する処理は行われない。

変更・誤謬基準

☆

解答 **5**

1．会計上の見積りの変更が行われた場合の取扱い
①新しい情報
☞解説：会計方針の開示、会計上の変更及び誤謬の訂正に関する会計基準 17、38、55

2．固定資産の耐用年数の変更等の取扱い
②キャッチ・アップ　③プロスペクティブ
☞解説：会計方針の開示、会計上の変更及び誤謬の訂正に関する会計基準 57

3．減価償却方法の変更の取扱い
④会計方針　⑤消費　⑥会計上の見積り
☞解説：会計方針の開示、会計上の変更及び誤謬の訂正に関する会計基準 62

穴埋め
短答

19

解答 **6**

1．○
　☞基準：会計方針の開示、会計上の変更及び誤謬の訂正に関する会計基準 17

2．×（理由：耐用年数の変更は会計方針の変更ではなく、会計上の見積りの変更に該当する。）
　☞基準：会計方針の開示、会計上の変更及び誤謬の訂正に関する会計基準 40

3．×（理由：減価償却方法は、会計方針に該当する。）
　☞解説：減価償却方法は会計方針に該当するが、減価償却方法の変更には会計方針の変更と会計上の見積りの変更を伴うため、遡及処理は行いません。
　☞基準：会計方針の開示、会計上の変更及び誤謬の訂正に関する会計基準 62

○×
総合

1．会計方針の継続適用が要請される理由は？

（　　　　　　　　　　）（　　　　　　　　　　）

2．正当な理由による会計方針の変更の場合を2つあげよ。

（　　　　　　　　　　　　　　　　　）（　　　　　　　　　　　　　　　　）

3．会計上の見積りの変更の取扱いは？　（　　　　　　　　　　　　　）

4．会計上の見積りの変更があった場合に遡及しない理由は？

（　　　　　　　　　　　　　　）

5．会計方針の変更と会計上の見積りの変更の区別が困難なときの取扱い

は？（　　　　　　　　　　　　　　）

6．耐用年数の変更時の処理方式は？

（　　　　　　　　　　　）（　　　　　　　　　　　　）

☆☆

7．減価償却方法の変更に見積りの変更の要素が入る理由は？

（　　　　　　　　　　　　　　　　　）

8．減価償却方法の変更があった場合に遡及しない理由は？

（　　　　　　　　　　　　　　　　　　　　）

1．会計方針の継続適用の要請理由を「討議資料 財務会計の概念フレームワーク」における会計情報の質的特性の一つと関連させながら述べなさい。

（_____

_____）

2．固定資産の耐用年数の変更に関する影響額の処理方法を2つ示しなさい。

（　　　　　　　　　　　）（　　　　　　　　　　　）

3．減価償却方法の変更があった場合の取扱いとそのように取り扱われる理由を簡潔に説明しなさい。

（_____

_____

_____

_____）

☆☆

解答 7

1. 会計方針の継続適用が要請される理由は？
（利益操作の排除）（期間比較性の確保）
2. 正当な理由による会計方針の変更の場合を2つあげよ。
（会計基準の改正等による場合）（それ以外の正当な理由による場合）

3. 会計上の見積りの変更の取扱いは？（当期以後に影響させる）
4. 会計上の見積りの変更があった場合に遡及しない理由は？
（新しい情報によりもたらされるため）
5. 会計方針の変更と会計上の見積りの変更の区別が困難なときの取扱いは？（会計上の見積りの変更として扱う）

6. 耐用年数の変更時の処理方式は？
（プロスペクティブ方式）（キャッチ・アップ方式）
7. 減価償却方法の変更に見積りの変更の要素が入る理由は？
（経済的便益の消費パターンの見積りの変更であるため）
8. 減価償却方法の変更があった場合に遡及しない理由は？
（会計方針の変更と会計上の見積りの変更の区別が困難なため）

穴埋め

短答

19

解答 8

1. （会計方針を継続適用しない場合には、会計情報の質的特性のうち比較可能性（時系列比較）を害することとなるため、継続適用が要請される。）
☞解説：会計方針の開示、会計上の変更及び誤謬の訂正に関する会計基準46、概念フレームワーク第2章11

2. （プロスペクティブ方式）（キャッチ・アップ方式）
☞解説：会計方針の開示、会計上の変更及び誤謬の訂正に関する会計基準57

3. （減価償却方法は、会計方針に該当するが、減価償却方法の変更は、固定資産に関する経済的便益の消費パターンの見積りの変更を伴うため、会計方針の変更と会計上の見積りの変更の区別が困難な場合に該当するものとして、遡及しないこととされている。）
☞解説：会計方針の開示、会計上の変更及び誤謬の訂正に関する会計基準62

総合

Chapter 20　リース会計

20-1　リース取引の分類　★★★

　リース取引は、法的には賃貸借取引である。

　リース期間の中途で契約を解除できず、経済的利益を実質的に享受するため、コストを実質的に負担するリース取引がファイナンス・リース取引であり、それ以外のリース取引がオペレーティング・リース取引である。

20-2　リース取引の会計処理　★★★

　ファイナンス・リース取引の経済的実態は売買と同じであり、割賦売買取引との比較可能性に配慮して売買処理を行う。

　リース資産とリース債務は、リース料総額から利息相当額を控除して計上する。利息相当額は原則として利息法により配分する。

　オペレーティング・リース取引は、賃貸借処理を行う。

20-3　リース資産の資産性とリース債務の負債性　★★☆

　ファイナンス・リース取引の借手におけるリース資産は、その使用により経済的利益を享受する権利を有し、キャッシュの獲得に貢献するため資産性がある。

　リース債務は、リース契約によりリース料を支払う義務があるため負債性がある。

　法的には賃貸借であるリース取引も、売買処理を行う場合があります。どのような場合に売買処理が行われるのかに注目して学習しましょう。

20-4 ファイナンス・リース取引の減価償却 ★★☆

　所有権移転ファイナンス・リース取引は、リース物件の取得と同様の取引であるため、自己所有の固定資産と同じ方法により減価償却を行う。

　所有権移転外ファイナンス・リース取引は、リース資産の使用がリース期間に限定されるため、リース期間を耐用年数とし、リース期間終了後にリース物件を返還するため、残存価額はゼロとして減価償却する。

20-5 リース取引の表示 ★☆☆

　リース資産は、有形固定資産、無形固定資産の別に一括してリース資産として表示することを原則とするが、それぞれの資産科目に含めて表示できる。

　リース債務には、1年基準を適用し、流動負債と固定負債に区分して表示する。

20-6 貸手の会計処理・リースバック ★☆☆

　ファイナンス・リース取引の貸手は、所有権移転ファイナンス・リース取引ではリース債権を計上し、所有権移転外ファイナンス・リース取引ではリース投資資産を計上する。

　リースバック取引の会計処理方法には、独立取引処理と単一取引処理がある。

次の文章の空欄に適切な語句を記入し、各文章にタイトルを付しなさい。

1. ファイナンス・リース取引とは、リース期間の中途で（ ① ）することができず、借手がリース資産から受ける（ ② ）を享受するため、そのコストを負担することとなるリース取引をいう。

2. ファイナンス・リース取引における借手のリース資産は、借手が資産から受ける（ ② ）を享受することにより、キャッシュの獲得に貢献するため（ ③ ）としての資産に該当する。ファイナンス・リース取引は、リース期間の中途で（ ① ）することができず、借手はリース料の支払義務を負うため、借手のリース債務は、（ ③ ）を引き渡す（ ④ ）としての負債に該当する。

3. 所有権移転ファイナンス・リース取引の借手では、（ ⑤ ）の固定資産と同一の方法で減価償却を行うが、所有権移転外ファイナンス・リース取引の借手では、物件の使用がリース期間に限定されるため耐用年数を（ ⑥ ）とし、物件の所有権が移転しないため残存価額を（ ⑦ ）として減価償却を行う。

次の文章の正否を○×で示し、×の場合はその理由を述べること。

1. ファイナンス・リース取引はその法形式が売買であることを重視して売買取引に準じた会計処理が行われる。

2. リース取引のうち、ノンキャンセラブルとフルペイアウトの2要件のいずれかを満たす取引は、ファイナンス・リース取引に該当する。

3. ファイナンス・リース取引に係る借手のリース資産は、これを借手が売却することはできないのであるから、動態論のもとでの資産性はない。しかし、資産の本質をキャッシュの獲得への貢献と考えるなら、資産性を有する。

4. 所有権移転外ファイナンス・リース取引の借手においては、そのリース物件を使用できる期間がリース期間に限定されるが、リース資産の計上額を適正に費用配分するには、経済的耐用年数を用いて減価償却を行うこともできる。

1．ファイナンス・リース取引の意義
①契約を解除　②経済的利益
☞解説：リース取引に関する会計基準5

2．リース資産の資産性とリース債務の負債性
③経済的資源　④義務
☞解説：リース取引に関する会計基準5、概念フレームワーク第3章4、5

3．ファイナンス・リース取引の借手の減価償却
⑤自己所有　⑥リース期間　⑦ゼロ（零）
☞解説：リース取引に関する会計基準12、39

解答
1

穴埋め

短答

20

解答
2

1．× （理由：法形式⇒経済的実態）
☞基準：リース取引に関する会計基準29

2．× （理由：いずれか⇒いずれも）
☞基準：リース取引に関する会計基準5

3．× （理由：動態論⇒静態論。または、動態論のもとでも資産性を有する。）
☞基準：リース取引に関する会計基準5、概念フレームワーク第3章4

4．× （理由：所有権移転外ファイナンス・リース取引は、リース期間で
減価償却を行い、経済的耐用年数を用いて減価償却することはで
きない。）
☞基準：リース取引に関する会計基準12、39

○×

総合

1. リース取引とは？（　　　　　　　）
2. ファイナンス・リース取引とは？（　　　　　　　　　　　　　　）
3. ファイナンス・リース取引の経済的実態は？（　　　　）
4. ファイナンス・リース取引の会計処理は？（　　　　）

5. リース資産の資産性は？（　　　　　　　　　　　　）
6. リース債務の負債性は？（　　　　　　　　　　　　）

7. 借手の資産及び負債計上額は？（　　　　　　　　　）
8. リース料に含まれる利息相当額の配分方法は？（　　　）（　　　）

9. 所有権移転ファイナンス・リース取引の借手の減価償却は？
　（　　　　　　　　　　　　）
☆☆
10. 所有権移転外ファイナンス・リース取引の借手の減価償却の特徴は？
　（　　　　　　　　　　　　　　　　　）

1. 空欄に該当する語句を答えなさい。
　「ファイナンス・リース取引」とは、リース契約に基づくリース期間の中途において当該（ ア ）することができないリース取引又はこれに準ずるリース取引で、借手が、リース物件からもたらされる経済的利益を実質的に享受することができ、かつ、当該リース物件の使用に伴って生じる（ イ ）することとなるリース取引をいう。
　　ア（　　　　　　　）イ（　　　　　　　）

2. ファイナンス・リース取引に売買処理を適用するのは、どのような取引との会計処理の比較可能性に配慮したものか指摘しなさい。
　　（　　　　　　　）

3. ファイナンス・リース取引の借手におけるリース債務の負債性を概念フレームワークにおける負債概念に照らして述べなさい。
☆☆☆
　（_____
　_____
　_____）

1．リース取引とは？（賃貸借取引）
2．ファイナンス・リース取引とは？（解約不能でコストを負担するリース取引）
3．ファイナンス・リース取引の経済的実態は？（売買）※売買と融資
4．ファイナンス・リース取引の会計処理は？（売買処理）

5．リース資産の資産性は？（経済的利益を享受するため資産性がある）
6．リース債務の負債性は？（リース料の支払義務があるため負債性がある）

7．借手の資産及び負債計上額は？（リース料総額－利息相当額）
8．リース料に含まれる利息相当額の配分方法は？（利息法）（定額法）

9．所有権移転ファイナンス・リース取引の借手の減価償却は？
（自己所有資産と同様に行う）
10．所有権移転外ファイナンス・リース取引の借手の減価償却の特徴は？
（リース期間が耐用年数、残存価額がゼロ）

1．ア（契約を解除）　イ（コストを負担）
　☞解説：リース取引に関する会計基準5

2．（割賦売買取引）
　☞解説：リース取引に関する会計基準29

3．（借手はリース契約によりリース料を支払う義務があるため、リース債
　　務には、経済的資源を引き渡す義務としての負債性がある。）
　☞解説：リース取引に関する会計基準5、概念フレームワーク第3章5

問題 5

次の文章の空欄に適切な語句を記入し、**各文章にタイトルを付しなさい。**

1. リース取引は、法的には賃貸借取引であるが、（ ① ）に着目して売買処理が行われる。これはファイナンス・リース取引と資産の割賦売買取引との会計処理の（ ② ）を考慮した取扱いである。

2. 所有権移転外ファイナンス・リース取引は、経済的には売買及び（ ③ ）の類似取引であるが、法的には賃貸借の性格を有し、（ ④ ）契約が組み合わされているなどその性格が複合的である。また、リース物件の（ ⑤ ）の売買に近く、借手のコストが定額のキャッシュ・フローとして固定するという特徴がある。

3. 所有権移転ファイナンス・リース取引での貸手の資産は（ ⑥ ）、所有権移転外ファイナンス・リース取引での貸手の資産は（ ⑦ ）として表示する。（ ⑥ ）は金融資産の性格を有し、（ ⑦ ）は、将来のリース料を収受する権利（金融資産）と物件の見積（ ⑧ ）から構成される複合的な性格を有する。

問題 6

次の文章の正否を○×で示し、**×の場合はその理由を述べること。**

1. ノンキャンセラブルとフルペイアウトの2要件を満たすリース取引については、その経済的実態が売買であることから売買処理が行われるが、このような取扱いは資産の消滅の認識におけるリスク・経済価値アプローチと整合的である。

2. ファイナンス・リース取引に該当し売買処理した場合とオペレーティング・リース取引に該当し賃貸借処理した場合の借手側の処理を比較すると、売買処理の場合は、リース資産に係る減価償却費のほかに、リース債務に係る支払利息も計上されるのであるから、リース期間を通算した費用総額は、ファイナンス・リース取引に該当し売買処理した場合の方が多くなる。

3. オペレーティング・リース取引は賃貸借処理を行うが、これに売買処理を適用すべきとする見解がある。そのような見解の背後にはリース取引を物件の売買としてではなく、使用権の売買として捉える見方がある。

1．ファイナンス・リース取引に売買処理を適用する根拠

①経済的実態　②比較可能性

☞解説：リース取引に関する会計基準 29

2．所有権移転外ファイナンス・リース取引の性格

③融資　④役務提供（サービス）　⑤使用権

☞解説：リース取引に関する会計基準 38

3．ファイナンス・リース取引における貸手の会計処理

⑥リース債権　⑦リース投資資産　⑧残存価額

☞解説：リース取引に関する会計基準 40。なお、所有権移転外ファイナンス・リース
取引におけるリース料を収受する権利は、リース料債権とも呼ばれ、注記事
項に該当します。リース取引に関する会計基準 20、45 参照。

1．○

☞基準：リース取引に関する会計基準 29、金融商品に関する会計基準 57

**2．×（理由：支出額が同じである限り、配分される費用の金額は異なら
ない。）**

☞解説：例えば、リース期間 2 年、支払リース料総額240円、利息相当額の期間配分方法：
定額法、減価償却方法：定額法、残存価額ゼロ、リース資産計上額 200 円のケー
スの会計処理は次のとおりです。

＜売買処理＞	＜賃貸借処理＞
リース資産　200 リース債務　200	支払リース料 120 現 金 預 金 120
減価償却費　100 リース資産　100	
リース債務　100 現 金 預 金　120	
支払利息　 20	

3．○

☞基準：リース取引に関する会計基準 34

1．ファイナンス・リース取引の法形式は？（　　　　）
2．ファイナンス・リース取引の経済的実態は？（　　　　　　）
3．所有権移転外ファイナンス・リース取引で上記以外に組み合わされる
　ことがある契約は？（　　　　　）
4．所有権移転外ファイナンス・リース取引での売買の対象は？（　　　）
5．所有権移転外ファイナンス・リース取引で借手のコストは？（　　　）

6．所有権移転ファイナンス・リース取引の貸手の資産名称は？（　　　）
7．所有権移転外ファイナンス・リース取引の貸手の資産名称は？
　（　　　　　　　）

8．オペレーティング・リース取引の会計処理は？（　　　　　　）
9．オペレーティング・リース取引を売買処理すべきとする見解が想定す
　る取引実態は？（　　　　　　）

1．空欄に該当する語句を答えなさい。

　　所有権移転ファイナンス・リース取引の場合は、貸手は、借手からの
　リース料と割安購入選択権の行使価額で回収するが、所有権移転外ファ
　イナンス・リース取引の場合はリース料と見積（　ア　）の価値により回収
　を図る点で差異がある。この差異を踏まえ、所有権移転ファイナンス・リー
　ス取引で生じる資産は（　イ　）に計上し、所有権移転外ファイナンス・リー
　ス取引で生じる資産は（　ウ　）に計上することとした。この場合のリース
　投資資産は、将来のリース料を収受する権利と見積残存価額から構成さ
　れる複合的な資産である。

　　　ア（　　　　　　　　）イ（　　　　　　　　）ウ（　　　　　　　　　）

2．空欄イ及びウに該当する資産の貸借対照表の表示区分の決定について、
　具体的な区分基準の名称に触れつつ述べなさい。

　　　（＿＿＿＿＿＿＿＿＿＿＿＿＿＿＿＿＿＿＿＿＿＿＿＿＿＿＿＿＿
　　　＿＿＿＿＿＿＿＿＿＿＿＿＿＿＿＿＿＿＿＿＿＿＿＿＿＿＿＿＿＿
　　　＿＿＿＿＿＿＿＿＿＿＿＿＿＿＿＿＿＿＿＿＿＿＿＿＿＿＿＿＿＿
　　　＿＿＿＿＿＿＿＿＿＿＿＿＿＿＿＿＿＿＿＿＿＿＿＿＿＿＿＿＿）

1. ファイナンス・リース取引の法形式は？（賃貸借）
2. ファイナンス・リース取引の経済的実態は？（売買及び融資）
3. 所有権移転外ファイナンス・リース取引で上記以外に組み合わされることがある契約は？（役務提供）
4. 所有権移転外ファイナンス・リース取引での売買の対象は？（使用権）
5. 所有権移転外ファイナンス・リース取引で借手のコストは？（固定される）

6. 所有権移転ファイナンス・リース取引の貸手の資産名称は？（リース債権）
7. 所有権移転外ファイナンス・リース取引の貸手の資産名称は？
（リース投資資産）

8. オペレーティング・リース取引の会計処理は？（賃貸借処理）
9. オペレーティング・リース取引を売買処理すべきとする見解が想定する取引実態は？（**使用権の売買**）

1. ア（残存価額） イ（リース債権） ウ（リース投資資産）
   ☞解説：リース取引に関する会計基準 40

2. （該当する資産が企業の主目的たる営業活動から生じたものであれば、正常営業循環基準を適用し、流動資産とする。それ以外の場合は、1年基準を適用し、貸借対照表日の翌日から1年以内に入金の期日が到来するものは流動資産とし、それ以外は固定資産とする。）
   ☞解説：リース取引に関する会計基準 18、44

Chapter 21　収益認識基準

21-1　収益認識の基本原則　★★★

収益認識の基本原則は、約束した財やサービスの顧客への移転をその財やサービスと交換に企業が権利を得ると見込む対価の額で描写するように収益を認識することである。

21-2　収益認識の5つのステップ　★★★

① 顧客との契約を識別する。
② 契約における履行義務を識別する。
③ 取引価格を算定する。
④ 契約における履行義務に取引価格を配分する。
⑤ 履行義務を充足した時に又は充足するにつれて収益を認識する。

21-3　契約の意義　★★☆

契約とは、法的な強制力のある権利及び義務を生じさせる複数の当事者間における取り決めをいい、書面、口頭、取引慣行等により成立する。

収益認識に関する全般的な基準である「収益認識に関する会計基準」を学習していきましょう。

21-4 取引価格の意義 ★★☆

取引価格とは、財やサービスの顧客への移転と交換に企業が権利を得ると見込む対価の額をいう。ただし、第三者のために回収する額を除く。

契約において約束した個別の財やサービスの独立販売価格の比率に基づき、それぞれの履行義務に取引価格を配分する。

21-5 変動対価と重要な金融要素 ★★☆

変動対価とは、顧客と約束した対価のうち変動する可能性のある部分をいい、最頻値か期待値により見積る。

重要な金融要素がある場合には、金利相当額を取引価格から控除する。

21-6 履行義務の充足による収益の認識 ★★★

約束した財やサービス（資産）を顧客に移転することにより履行義務を充足した時に又は充足するにつれて、充足した履行義務に配分された額で収益を認識する。

資産が移転するのは、顧客が当該資産に対する支配を獲得した時又は獲得するにつれてである。

21-7 進捗度の見積りと原価回収基準 ★★☆

履行義務の充足に係る進捗度を合理的に見積ることができる場合にのみ、一定の期間にわたり充足される履行義務について収益を認識する。

履行義務の充足に係る進捗度を合理的に見積ることができないが、発生する費用を回収することが見込まれる場合には、原価回収基準により処理する。

次の文章の空欄に適切な語句を記入し、**各文章にタイトルを付しなさい。**

1. 約束した財やサービス（資産）を顧客に（ ① ）することにより（ ② ）を充足した時に又は充足するにつれて、充足した（ ② ）に配分された額で収益を認識する。資産が（ ① ）するのは、顧客が当該資産に対する（ ③ ）を（ ④ ）した時又は（ ④ ）するにつれてであるため、収益認識基準における収益認識は、（ ⑤ ）による収益認識といわれることがある。

2. 契約とは、法的な（ ⑥ ）のある権利及び義務を生じさせる複数の当事者間における（ ⑦ ）をいい、書面、口頭、取引慣行等により成立する。取引価格とは、財やサービスの顧客への移転と交換に企業が権利を得ると（ ⑧ ）対価の額をいう。ただし、（ ⑨ ）のために回収する額を除く。

3. 契約において約束した個別の財やサービスの（ ⑩ ）の比率に基づき、それぞれの（ ② ）に取引価格を配分する。（ ⑩ ）とは、財やサービスを独立して企業に販売するときの価格をいう。

次の文章の正否を○×で示し、×の場合はその理由を述べること。

1. 契約とは、法的な強制力のある権利及び義務を生じさせる複数の当事者間における取決めであり、書面、口頭、取引慣行等により成立する。したがって、顧客に移転する財やサービスと交換に企業が権利を得ることとなる対価を回収する可能性が低い場合であっても、「収益認識に関する会計基準」が適用される。

2. 収益として認識される金額の基礎となる取引価格とは、財やサービスの顧客への移転と交換に企業が権利を得ると見込む対価の額をいう。顧客からの徴収が義務付けられている消費税もその対価に含まれることから、収益は消費税を含んだ金額で計上する。

3. 複数の財やサービスをセットで販売した場合には、識別した各履行義務に対して、それぞれの独立販売価格の比率で取引価格を配分する。ここで独立販売価格とは、財やサービスを独立して企業が顧客に販売する場合の価格をいう。なお、独立販売価格を直接観察できない場合には、観察可能な入力数値を最大限利用して、独立販売価格を見積もる。

1．履行義務の充足による収益の認識
①移転　②履行義務　③支配　④獲得　⑤資産負債アプローチ
☞解説：収益認識に関する会計基準 35

2．契約と取引価格の意義
⑥強制力　⑦取り決め　⑧見込む　⑨第三者
☞解説：収益認識に関する会計基準 5、8

3．取引価格の履行義務への配分
⑩独立販売価格
☞解説：収益認識に関する会計基準 17(4)、9

解答 **1**

穴埋め

短答

21

1．×（理由：対価を回収する可能性が高い場合のみ適用される。）
　☞解説：顧客に移転する財やサービスと交換に企業が権利を得ることとなる対価を回収する可能性が高い場合に「収益認識に関する会計基準」が適用されます（収益認識に関する会計基準 19）。

2．×（理由：収益は消費税を含まない金額で計上する。）
　☞解説：取引価格からは第三者のために回収する金額が除かれるため消費税の金額は含まないことになります（収益認識に関する会計基準 47）。

3．○
　☞解説：収益認識に関する会計基準 68、69

解答 **2**

○
×

総合

1. 資産が移転するのは？（　　　　　　　　　　　　　　　）

2. 商品販売における原則的な認識基準は？（　　　　　）

3. 契約とは？（
　　　　　　　　　　　　　）

4. 顧客とは？（　　　　　　　　　　　　　　　　　　　）

5. 履行義務とは？
　（　　　　　　　　　　　　　　　　　　　　　　　　　）

6. 取引価格とは？（
　　　　　　　　　　　　　　　　）

7. 独立販売価格とは？
　（　　　　　　　　　　　　　　　　　　　　　　　　　）

☆
☆

---

1. 空欄に該当する語句を答えなさい。

　約束した財やサービス（資産）を（　①　）することにより（　②　）を充足した時に又は充足するにつれて、充足した（　②　）に配分された額で収益を認識する。資産が移転するのは、顧客が当該資産に対する（　③　）した時又は（　④　）するにつれてである。

　①（　　　　　　　）　②（　　　　　　　）　③（　　　　　　　）　④（　　　　　　　）

2. 商品販売における収益認識の具体的な基準としては次の諸基準が考えられる。これらのうち収益認識に関する会計基準において原則的な収益認識基準には◎印を付し、国内取引において採用できる方法には○印を付し、いかなる場合にも認められていない方法には×印を付しなさい。

　① 出荷基準（　　　）　② 発送基準（　　　）　③ 検収基準（　　　）

3. 収益認識に関する会計基準における収益認識は、資産負債アプローチによる収益認識といわれることがあるが、その理由を説明しなさい。

　（_____

　_____

　_____）

☆
☆

解答
3

1．資産が移転するのは？（顧客が資産に対する支配を獲得したとき）
2．商品販売における原則的な認識基準は？（検収基準）

3．契約とは？（法的な強制力のある権利及び義務を生じさせる当事者間
における取決め）
4．顧客とは？（財やサービスを得るために企業と契約した当事者）
5．履行義務とは？
（顧客との契約において財やサービスを顧客に移転する約束）
6．取引価格とは？（財やサービスの顧客への移転と交換に企業が権利を
得ると見込む対価の額）
7．独立販売価格とは？（財やサービスを独立して企業が顧客に販売する
場合の価格）

解答
4

1．①（顧客に移転）　②（履行義務）　③（支配を獲得）　④（獲得）
☞解説：収益認識に関する会計基準35

2．①出荷基準（○）　②発送基準（○）　③検収基準（◎）
☞解説：収益認識に関する会計基準35

3．（収益認識基準における収益認識は、財やサービスを顧客に移転するこ
とによる履行義務の充足により行われるが、資産が顧客に移転するのは
顧客が資産に対する支配を獲得したときだからである。）
☞解説：収益認識に関する会計基準35

次の文章の空欄に適切な語句を記入し、各文章にタイトルを付しなさい。

1. 取引価格を算定する際には、（ ① ）を考慮する。（ ① ）とは、顧客と約束した対価のうち変動する可能性のある部分をいう。契約において、顧客と約束した対価に（ ① ）が含まれる場合、財やサービスの顧客への移転と交換に企業が権利を得ることとなる対価の額を（ ② ）ことになる。

2. 契約の当事者が（ ③ ）又は（ ④ ）に合意した（ ⑤ ）により、財やサービスの顧客への移転に係る（ ⑥ ）についての重要な便宜が顧客又は企業に提供される場合には、顧客との契約は（ ⑦ ）を含むものとする。

3. 履行義務の充足に係る（ ⑧ ）を合理的に見積ることができる場合にのみ、（ ⑨ ）にわたり充足される履行義務について収益を認識する。履行義務の充足に係る（ ⑧ ）を合理的に見積ることができないが、発生する費用を回収することが見込まれる場合には、（ ⑩ ）により処理する。

次の文章の正否を○×で示し、×の場合はその理由を述べること。

1. 変動対価の額の見積りは、最頻値又は期待値による方法のいずれかのうち、企業が権利を得ることとなる対価の額をより適切に予測できる方法を用いる。期待値は、契約において生じ得る結果が2つしかない場合は、変動対価の額の適切な見積りとなる可能性がある。最頻値は、特性の類似した多くの契約を有している場合は、変動対価の額の適切な見積りとなる可能性がある。

2. 一定の期間にわたり充足される履行義務については、履行義務の充足に係る進捗度を見積もり、進捗度に基づいて収益を一定の期間にわたり認識する。進捗度を合理的に見積もることができる場合にのみ、一定の期間にわたり充足される履行義務について収益を認識する。進捗度を合理的に見積もることができないが、発生する費用を回収することが見込まれる場合には、合理的に見積もることができる時まで工事完成基準により収益を認識する。

3. 財又はサービスを顧客に移転する企業の義務に対して、企業が顧客から受け取ったもの又は対価を受け取る期限が到来しているものを契約資産という。

4. 企業が顧客に移転した財又はサービスと交換に受け取る対価に対する企業の権利（ただし、顧客との契約から生じた債権を除く。）を契約負債という。

解答
5

1．変動対価とその見積り

　①変動対価　②見積る

　☞解説：収益認識に関する会計基準 50

2．契約における重要な金融要素

　③明示的　④黙示的　⑤支払時期　⑥信用供与　⑦重要な金融要素

　☞解説：収益認識に関する会計基準 56

3．進捗度の見積りと原価回収基準

　⑧進捗度　⑨一定の期間　⑩原価回収基準

　☞解説：収益認識に関する会計基準 45

解答
6

1．×（理由：最頻値と期待値が逆である。）

　☞解説：収益認識に関する会計基準 140

2．×（理由：工事完成基準⇒原価回収基準）

　☞解説：収益認識に関する会計基準 45

3．×（理由：契約資産⇒契約負債）

　☞解説：収益認識に関する会計基準 11

4．×（理由：契約負債⇒契約資産）

　☞解説：収益認識に関する会計基準 10

1. 履行義務とは？（　　　　　　　　　　　　　　　）
2. 資産に対する支配とは？（

　　　　　　　　　　　　　　　　　　　　　　　　　）
3. 変動対価の額の見積値は？（　　　　）（　　　　　）
4. 発生し得ると考えられる対価の額における最も可能性の高い単一の金額は？（　　　　　）
5. 発生し得ると考えられる対価の額を確率で加重平均した金額は？
（　　　　　）
6. 履行義務を充足する際に発生する費用のうち、回収することが見込まれる費用の金額で収益を認識する方法は？（　　　　　　　　）

7. 契約資産とは？（　　　　　　　　　　　　　　　　　　）
8. 契約負債とは？（　　　　　　　　　　　　　　　　　　）
9. 契約により生じた債権とは？（　　　　　　　　　　　）

☆
☆

1. **空欄に該当する語句を答えなさい。**

　取引価格を算定する際には、（　①　）を考慮する。（　①　）とは、顧客と約束した対価のうち変動する可能性のある部分をいう。契約において、顧客と約束した対価に（　①　）が含まれる場合、財やサービスの顧客への移転と交換に企業が権利を得ることとなる対価の額を見積ることになる。

　（　①　）の額の見積りにあたっては、発生し得ると考えられる対価の額における最も可能性の高い単一の金額（　②　）による方法又は発生し得ると考えられる対価の額を確率で加重平均した金額（　③　）による方法のいずれかのうち、企業が権利を得ることとなる対価の額をより適切に予測できる方法を用いる。

　①（　　　　　　　）　②（　　　　　　　）　③（　　　　　　　）

2. **それぞれの金額が合理性を持つ場合を示しなさい。**

　②が合理性を持つ場合

　（　　　　　　　　　　　　　　　　　　　）

　③が合理性を持つ場合

　（　　　　　　　　　　　　　　　　　　　）

☆
☆
☆

解答7

1．履行義務とは？（財やサービスを顧客に移転する約束）
2．資産に対する支配とは？（資産の使用を指図し、資産から残りの便益のほとんどすべてを享受する能力）
3．変動対価の額の見積値は？（最頻値）（期待値）
4．発生し得ると考えられる対価の額における最も可能性の高い単一の金額は？（最頻値）
5．発生し得ると考えられる対価の額を確率で加重平均した金額は？（期待値）
6．履行義務を充足する際に発生する費用のうち、回収することが見込まれる費用の金額で収益を認識する方法は？（原価回収基準）

7．契約資産とは？（移転した財やサービスと交換に受取る対価に対する企業の権利）
8．契約負債とは？（財やサービスを顧客に移転する企業の義務に対して、企業が顧客から対価を受け取ったもの又は対価を受け取る期限が到来しているもの）
9．契約により生じた債権とは？（対価に対する法的な請求権）

解答8

1．①（変動対価）　②（最頻値）　③（期待値）
　☞解説：収益認識に関する会計基準140

2．②が合理性を持つ場合
　（契約において生じ得る結果が2つしかない場合）
　③が合理性を持つ場合
　（特性の類似した多くの契約を有している場合）
　☞解説：収益認識に関する会計基準140

Chapter 22　連結・四半期財務諸表

22-1　連結財務諸表と連結の範囲の決定　　★★☆

　連結財務諸表とは、企業集団の財務状況を総合的に表すために作成する財務諸表である。

　親会社は原則としてすべての子会社を連結の範囲に含める。

　子会社の判断基準には持株のみで考える持株基準と実質的な支配関係を考慮する支配力基準がある。

　事実上、支配している被支配会社を含まない連結財務諸表は有用性に欠けるため、支配力基準が採用されている。

22-2　連結財務諸表作成の考え方　　★★★

　連結財務諸表作成の考え方には親会社説と経済的単一体説がある。

　親会社説とは、連結財務諸表を親会社の株主の立場で作成する考え方をいい、親会社の株主の持分のみを反映する。

　経済的単一体説とは、連結財務諸表を企業集団の立場で作成する考え方をいい、すべての連結会社の株主の持分を反映する。

　連結財務諸表の情報は、親会社の投資者を対象とし、親会社説による処理は、企業集団の現実の経営感覚をより適切に反映するため、親会社説が採用されている。

連結財務諸表の作成については、親会社説と経済的単一体説を対比して学習しよう。

22-3　全面時価評価法と部分時価評価法　★★☆

　全面時価評価法とは、子会社の資産負債のすべてを支配獲得日の時価で評価する方法をいう。

　部分時価評価法とは、子会社の資産負債のうち親会社の持分相当額は株式取得日ごとに時価で評価し、非支配株主持分相当部分は子会社の個別貸借対照表の金額による方法をいう。

22-4　連結財務諸表の一般原則　★☆☆

　連結財務諸表の一般原則には、真実性の原則、基準性の原則、明瞭性の原則、継続性の原則がある。

22-5　四半期財務諸表の意義　★☆☆

　四半期財務諸表とは、3月ごとに区分された四半期ごとの財務諸表、すなわち四半期連結財務諸表及び四半期個別財務諸表をいう。

22-6　予測主義と実績主義　★★☆

　四半期財務諸表の作成に関する考え方には実績主義と予測主義がある。

　実績主義とは、四半期を一会計期間とみなし、年度決算と同様の情報を作成する考え方である。

　予測主義とは、四半期会計期間を年度の一構成部分と位置付けて、年度の業績予測に資する情報を提供する考え方である。

　実績主義によれば、四半期ごとの実績を明らかにすることにより、将来の業績予測に資する情報をタイムリーに提供することができる。

問題 1

☆
☆☆
☆

次の文章の空欄に適切な語句を記入し、各文章にタイトルを付しなさい。

1．連結財務諸表とは、（ ① ）関係にある企業集団を一つの会計単位として作成する財務諸表をいう。連結の範囲の決定方法には、単に議決権数のみで（ ① ）関係を判断する（ ② ）によるのではなく、実質的な（ ① ）関係があるか否かで判断する（ ③ ）が採用されている。

2．連結財務諸表の作成については、資本について、連結財務諸表を親会社の個別財務諸表の延長で考える（ ④ ）と企業集団全体の財務諸表と考える（ ⑤ ）がある。連結財務諸表が提供する情報は主として親会社の投資者を対象としており、（ ④ ）による処理方法が企業集団の経営を巡る現実感覚をより適切に反映するため、（ ④ ）が採用されてきたが、（ ⑤ ）の影響を受けた処理が増えている。

3．子会社の資産、負債を時価評価する範囲の考え方には、経済的単一体説と整合的な（ ⑥ ）と親会社説と整合的な（ ⑦ ）がある。現行制度上は、（ ⑥ ）が採用されている。

問題 2

☆

次の文章の正否を○×で示し、×の場合はその理由を述べること。

1．親会社とは、他の会社を支配している会社をいい、子会社とは、当該他の会社をいう。

2．時価により評価する子会社の資産及び負債の範囲を親会社の持分に相当する部分に限定する部分時価評価法は経済的単一体説と整合性を持ち、全面時価評価法は親会社説と整合性を持つ。

3．連結財務諸表に関する会計基準では、親会社説によるが、これは、連結財務諸表が提供する情報が主として親会社の投資者を対象とするものであり、親会社説による処理方法が企業集団の経営を巡る現実感覚をより適切に反映すると考えられることによる。

4．のれんは、原則としてその計上後20年以内に定額法その他合理的な方法により償却するとともに、その当期償却額は営業外費用の区分に表示する。

1．連結財務諸表の意義と連結の範囲の基本的考え方

①支配従属　②持株基準　③支配力基準

☞解説：連結財務諸表に関する会計基準1、54

2．連結財務諸表作成の基本的考え方

④親会社説　⑤経済的単一体説

☞解説：連結財務諸表に関する会計基準51

3．子会社の資産・負債の評価方法

⑥全面時価評価法　⑦部分時価評価法

☞解説：連結財務諸表に関する会計基準61

解答 **1**

穴埋め

短答

22

1．×（理由：**会社⇒企業**）

☞基準：連結財務諸表に関する会計基準6

2．×（理由：**経済的単一体説と親会社説が逆**）

☞基準：連結財務諸表に関する会計基準61

3．○

☞基準：連結財務諸表に関する会計基準51

4．×（理由：**営業外費用⇒販売費及び一般管理費**）

☞基準：企業結合に関する会計基準32

解答 **2**

○×

総合

1．連結財務諸表とは？（　　　　　　　　　　　　　　　　　）

2．連結財務諸表の作成に関する考え方は？
　①（　　　　　　）②（　　　　　　　　）

3．親会社説とは？
　（　　　　　　　　　　　　　　　　　　　　　　　　　　　）

4．経済的単一体説とは？
　（　　　　　　　　　　　　　　　　　　　　　　　　　）

5．連結財務諸表作成における一般原則を4つあげよ。
　①（　　　　　　　）②（　　　　　　　）③（　　　　　　）④（　　　　　　）

6．基準性の原則の要請内容は？①（　　　　）②（　　　　）

7．基準性とは？（　　　　　　　　　　　　　　　　　　　　）

8．準拠性とは？（　　　　　　　　　　　　　　　　　　　　）

☆☆

1．空欄に該当する語句を答えなさい。

　　連結財務諸表の作成にあたっては、子会社の資産及び負債のすべてを（ ア ）の時価により評価する方法、すなわち（ イ ）により評価する。

　　親会社の子会社に対する投資とこれに対応する子会社の資本は相殺消去する。親会社の子会社に対する投資とこれに対応する子会社の資本の相殺消去にあたり、差額が生じる場合の当該差額は（ ウ ）（又は（ エ ））とする。

　　ア（　　　　　　）イ（　　　　　　）ウ（　　　　　　）エ（　　　　　）

2．連結の範囲の決定方法を2つ示しなさい。

　　（　　　　　　　）（　　　　　　　）

3．連結財務諸表の作成に採用される考え方を指摘し、その根拠を述べなさい。

　　採用される考え方（　　　　　　）

　　採用根拠（＿＿＿＿＿＿＿＿＿＿＿＿＿＿＿＿＿＿＿＿＿＿＿
　　＿＿＿＿＿＿＿＿＿＿＿＿＿＿＿＿＿＿＿＿＿＿＿＿）

☆☆☆

解答 3

1. 連結財務諸表とは？（企業集団の財務状況を報告する財務諸表）

2. 連結財務諸表の作成に関する考え方は？
   ① （親会社説）　② （経済的単一体説）

3. 親会社説とは？
   （連結財務諸表を親会社の株主の立場で作成する考え方）

4. 経済的単一体説とは？
   （連結財務諸表を企業集団の株主の立場で作成する考え方）

5. 連結財務諸表作成における一般原則を4つあげよ。
   ① （真実性の原則）　② （基準性の原則）　③ （明瞭性の原則）
   ④ （継続性の原則）

6. 基準性の原則の要請内容は？① （基準性）　② （準拠性）

7. 基準性とは？（連結財務諸表が個別財務諸表を基礎に作成されること）

8. 準拠性とは？（個別財務諸表が認められた基準に準拠していること）

解答 4

1. ア（支配獲得日）　イ（全面時価評価法）　ウ（のれん）　エ（負ののれん）
   ☞解説：連結財務諸表に関する会計基準 20、23、24

2. （支配力基準）（持株基準）
   ☞解説：連結財務諸表に関する会計基準 54

3. 採用される考え方（親会社説）
   採用根拠（連結財務諸表が提供する情報が主として親会社の投資者を
   　　　　対象とするものであり、親会社説による処理方法が企業集
   　　　　団の経営を巡る現実感覚をより適切に反映すると考えられ
   　　　　るためである。　）
   ☞解説：連結財務諸表に関する会計基準 51

穴埋め

短答

22

○×

総合

次の文章の空欄に適切な語句を記入し、**各文章にタイトルを付しなさい。**

1. 持分法とは、投資会社が被投資会社の（ ① ）及び（ ② ）のうち投資会社に帰属する部分の変動に応じて、その（ ③ ）の額を連結決算日ごとに修正する方法をいう。

2. 四半期財務諸表の作成の考え方には、四半期の実績を表示するものとする（ ④ ）と年度決算の予測に役立つものとする（ ⑤ ）がある。四半期会計期間の実績の明示が将来の業績予測に役立ち、また恣意的な判断の介入の余地を排し、実行面での計算手続が明確化できること等から（ ④ ）が採用されている。季節変動性は、前年同期比較等を行うことにより対応できる。

3. セグメントとは、事業の構成単位を意味し、事業セグメントのうち（ ⑥ ）ごとの情報の記載が義務付けられている。セグメント情報の作成については、経営上の意思決定や業績を評価するための事業の構成単位を基礎とする（ ⑦ ）が採用されている。

次の文章の正否を○×で示し、**×の場合はその理由を述べること。**

1. 広い意味で持分法は、原価法、時価法あるいは低価法とならんだ投資勘定の評価方法の一つとみることができる。ここで持分法と原価法を比較した場合、被投資会社の株式を取得した時点、被投資会社から損益の報告を受けた時点および被投資会社から配当金を受取った時点のいずれでも、両者の当該投資勘定の帳簿価額は異なったものになる。

2. 四半期キャッシュ・フロー計算書については、四半期会計期間および期首からの累計期間の四半期キャッシュ・フロー計算書ならびに前年度におけるそれぞれ対応する期間の四半期キャッシュ・フロー計算書が開示対象となる。

1．持分法の意義
①資本　②損益　③投資
☞解説：持分法に関する会計基準 4

2．四半期財務諸表の意義
④実績主義　⑤予測主義
☞解説：四半期財務諸表に関する会計基準 39

3．セグメントの意義と開示方法
⑥報告セグメント　⑦マネジメント・アプローチ
☞解説：セグメント情報等の開示に関する会計基準 10、45

解答
5

穴埋め

短答

22

1．×（理由：投資勘定を取得した場合には、いずれも原価で記録される。）

2．×（理由：四半期会計期間の開示は要求されていない。）
☞基準：四半期財務諸表に関する会計基準 7

解答
6

○×

総合

1．持分法とは？（　　　　　　　　　　　　　　　　　　　）

2．事業の種類別の財務情報は何と呼ばれるか？（　　　　　　　　　）

3．セグメント情報作成の基本的考え方は？（　　　　　　　　　　　）

4．四半期財務諸表とは？（　　　　　　　　　　　）

5．四半期財務諸表作成の役割は？（　　　　　　　　　）

6．四半期財務諸表の考え方を２つ示せ。①（　　　　）②（　　　　）

7．実績主義とは？（　　　　　　　　　　　　　　　　　）

8．予測主義とは？（

　　　　　　　　　　　　　　　　　　　　　　　　　　　　　）

1．**空欄に該当する語句を答えなさい。**

　四半期報告書に含まれる財務諸表の開示対象期間は次のとおりとする。

(1)四半期会計期間の末日の四半期貸借対照表及び前年度の末日の（　ア　）貸借対照表

(2)四半期会計期間及び期首からの（　イ　）の四半期損益及び包括利益計算書又は四半期損益計算書及び四半期包括利益計算書、並びに前年度におけるそれぞれ対応する期間の四半期損益計算書

(3)期首からの累計期間の四半期キャッシュ・フロー計算書及び前年度における対応する期間の四半期キャッシュ・フロー計算書

　ア（　　　　　）イ（　　　　　）

2．**四半期財務諸表作成の考え方を２つ示し、それぞれについて述べなさい。**

　　（
　　　　　　　　　　　　　　　　　　　　　　　　　　　　　　
　　　　　　　　　　　　　　　　　　　　　　　　　　　　　　
　　　　　　　　　　　　　　　　　　　　　　　　　　　　　　）

解答 7

1．持分法とは？（投資勘定を連結決算日ごとに修正する方法）

2．事業の種類別の財務情報は何と呼ばれるか？（セグメント情報）

3．セグメント情報作成の基本的考え方は？（マネジメント・アプローチ）

4．四半期財務諸表とは？（四半期ごとの財務諸表）

5．四半期財務諸表作成の役割は？（有用な投資情報の提供）

6．四半期財務諸表の考え方を2つ示せ。①（実績主義）②（予測主義）

7．実績主義とは？（四半期を一会計期間とみなし実績を示す考え方）

8．予測主義とは？（四半期を年度の構成要素とし、年度の業績予測に役立つ情報を提供する考え方）

穴埋め

短答

22

解答 8

1．ア（要約）　イ（累計期間）

　☞解説：四半期財務諸表に関する会計基準7

2．（実績主義と予測主義である。実績主義とは、四半期会計期間を一会計期間とみなし、実績を示す考え方をいい、予測主義とは四半期会計期間を年度の構成要素とし、年度の業績予測に役立つ情報を提供する考え方をいう。）

　☞解説：四半期財務諸表に関する会計基準39

総合

Chapter 23　包括利益

23-1　包括利益の定義　★★★

　包括利益とは、純資産の変動額のうち、純資産に対する持分所有者との直接的取引によらない部分をいう。

　純資産に対する持分所有者には、株主、新株予約権の所有者、子会社の非支配株主が含まれる。

23-2　その他の包括利益の定義と内訳項目の種類　★★★

　包括利益は、当期純利益にその他の包括利益の内訳項目を加減して表示する。

　この表示は、業績指標として有用な当期純利益を包括利益と併せて示すため有用である。

　その他の包括利益とは、包括利益のうち当期純利益に含まれない部分をいう。

　その他の包括利益の内訳項目には、その他有価証券評価差額金、繰延ヘッジ損益、為替換算調整勘定、退職給付に係る調整額等がある。

資産負債アプローチのもとでの利益である包括利益。収益費用アプローチのもとでの純利益と対比しながら学習しましょう。

23-3　包括利益計算書の方式　　　　　　　　★★☆

　包括利益計算書の方式には、損益計算書と包括利益計算書を作成する2計算書方式と損益及び包括利益計算書を作成する1計算書方式がある。

　2計算書方式は、当期純利益と包括利益が明確に区別される。

　1計算書方式は、一覧性、明瞭性、理解可能性に優れ、コンバージェンスに資するが最終利益が包括利益となり、これが強調され過ぎる面がある。

23-4　包括利益を表示する目的　　　　　　　★★★

　包括利益の表示は、企業全体の事業活動の検討や貸借対照表との連携の明示に役立つとともに財務諸表の理解可能性と比較可能性を高め、コンバージェンスに資する。

　包括利益は最も重要な成果情報ではなく、当期純利益と併用して成果情報の全体的な有用性を高める。

23-5　クリーン・サープラス関係　　　　　　★★★

　クリーン・サープラス関係とは、ある期間における資本の増減（資本取引による増減を除く）が当該期間の利益と等しくなる関係をいう。

　具体的には、個別財務諸表で株主資本と当期純利益、連結財務諸表でこの他に純資産と包括利益との間でクリーン・サープラス関係が成立している。

　クリーン・サープラス関係の成立は、会計情報の信頼性を高め、企業評価に役立つ。

23-6　リサイクリングの意義と必要性　★★★

　リサイクリングとは、その他の包括利益の純利益への振替えをいう。

　リサイクリングをしないと純損益にキャッシュ・フローの裏付けがなくなり、純損益の総合的な業績指標としての有用性が低下するため、リサイクリングが必要である。

23-7　退職給付に係る負債　★★☆

　連結財務諸表では、退職給付債務から年金資産の額を控除した額を負債として計上する。

　未認識差異が除かれた積立状況を示す額を貸借対照表に計上する場合、退職給付制度に係る状況について財務諸表利用者の理解を妨げている。

●セルフレクチャーのすすめ●

セルフレクチャーとは

　セルフレクチャーとは、文字通り自分で自分に説明することをいいます。学習上の重要論点を自分で説明してみるのです。実際にやってみるとわかりますが、ハードルは決して低くありません。説明につまるところがわからないところです。税理士試験に限らず、学習には絶大な効果があります。ハードルが高い分、重要論点に利用しましょう。

セルフレクチャーの効果

　セルフレクチャーの最も大きな効果は記憶の持続性にあります。ハードルが高い分、歩留まりも高いのです。また、説明にあたってつまるところがわかっていないところだとすればそこをもう一度復習すればよいこともわかります。つまり復習ポイントが明確になるのです。

セルフレクチャーの副次的効果

　単に効果といっても記憶の定着に有効という以外に応用問題が手掛けやすくなる事があります。理論学習で記述問題に苦労した方も少なくないでしょう。記述である以上、日本語の能力の問題は小さくありませんが、実際には言葉の問題よりもやはり内容的な理解が大きいのです。国語の試験ではないのですからかっこいい文章を書く必要はありません。おそらくはそもそもハードルの高いセルフレクチャーをこなす段階で記述に耐え得るような理解が身についていることになります。

どこをやるのか？

　すべての範囲についてセルフレクチャーをやる必要はありません。超重要論点のみでよいのです。細かい知識だけを知っていればよい論点ではなく、すべてに共通するような超重要論点が対象です。本書では、問題1と問題5の穴埋問題が核となる知識といえます。この問題1と問題5についてぜひセルフレクチャーを試してみてください。

次の文章の空欄に適切な語句を記入し、各文章にタイトルを付しなさい。

1. 包括利益とは、特定期間の財務諸表で認識された（ ① ）の変動額のうち（ ① ）に対する（ ② ）との直接的な取引によらない部分をいう。その他の包括利益とは、包括利益のうち（ ③ ）に含まれない部分をいう。（ ① ）に対する（ ② ）には、株主、新株予約権者、子会社の（ ④ ）が含まれる。

2. 包括利益を表示する目的は、純資産の変動を報告するとともにその他の包括利益の内訳を明瞭に表示することにある。包括利益の表示によって、情報の（ ⑤ ）な有用性を高め、貸借対照表との連携を明示することを通じて、財務諸表の（ ⑥ ）と（ ⑦ ）を高めることができる。

3. 包括利益は、企業成果に関する最も重要な指標と位置付けられるものではなく、（ ⑧ ）に関する情報と併せて利用することにより、企業活動の成果についての情報の（ ⑤ ）な有用性を高めることを目的としている。

次の文章の正否を○×で示し、×の場合はその理由を述べること。

1. 包括利益とは、ある企業の特定期間の財務諸表において認識された株主資本の変動額のうち、当該企業の株主資本に対する持分所有者との直接的な取引によらない部分をいう。

2. その他の包括利益は、包括利益と当期純利益との差額である。

3. 企業成果に関する情報には純利益（当期純利益）と包括利益があるが、包括利益の表示の導入は、包括利益を企業活動に関する最も重要な指標として位置づけることを意味している。

4. 包括利益の表示は、投資家にとって当期純利益とは独立した有用性を持つものである。

解答 1

1. 包括利益とその他の包括利益の意義
   ①純資産 ②持分所有者 ③当期純利益 ④非支配株主
   ☞解説：包括利益の表示に関する会計基準4、5

2. 包括利益を表示する目的
   ⑤全体的 ⑥理解可能性 ⑦比較可能性
   ☞解説：包括利益の表示に関する会計基準21

3. 包括利益の位置づけ
   ⑧当期純利益
   ☞解説：包括利益の表示に関する会計基準22

解答 2

1. × （理由：株主資本⇒純資産）
   ☞基準：包括利益の表示に関する会計基準4

2. ○
   ☞基準：包括利益の表示に関する会計基準5

3. × （理由：包括利益を最も重要な指標として位置付けることを意味していない。）
   ☞基準：包括利益の表示に関する会計基準22

4. × （理由：当期純利益に関する情報と併せて利用することが想定されている。）
   ☞基準：包括利益の表示に関する会計基準22

1．収益費用アプローチによる利益は？（　　　　　）
2．資産負債アプローチによる利益は？（　　　　　）

3．包括利益とは？（　　　　　　　　　　　　　　）
4．持分所有者とは？①（　　　　）②（　　　　　　）③（　　　　　）
5．その他の包括利益の計算方法は？（　　　　　　　　）

6．個別財務諸表での包括利益の表示は？
　（　　　　　　　　　　　　　　　　）
7．包括利益の表示が定義と異なる理由は？（　　　　　　　　）
8．連結財務諸表での包括利益の表示は？
　（　　　　　　　　　　　　　　　　）
9．その他の包括利益の内訳項目は？①（　　　　　　　　　）
　②（　　　　　　　）③（　　　　　　）④（　　　　　　　　）

☆
☆

1．空欄に該当する語句を答えなさい。
　包括利益の表示の導入は、包括利益を企業活動に関する最も重要な指標として位置づけることを意味するものではなく、（ ア ）に関する情報と併せて利用することにより、企業活動の成果についての情報の全体的な（ イ ）を高めることを目的とするものである。本会計基準は、市場関係者から広く認められている当期純利益に関する情報の（ イ ）を前提としており、包括利益の表示によってその重要性を低めることを意図するものではない。
　ア（　　　）イ（　　　）

2．解答欄の表記を利用し、包括利益を簡潔に定義しなさい。
　包括利益とは、資本取引（　　　　　　　）である。

3．その他の包括利益の算出方法を述べなさい。
　（　　　　　　　　　　　　　　　　　　　　　　　　　）

☆
☆
☆

解答
3

1．収益費用アプローチによる利益は？（当期純利益）
2．資産負債アプローチによる利益は？（包括利益）

3．包括利益とは？（資本取引によらない純資産の変動額）
4．持分所有者とは？①(株主) ②(新株予約権者) ③(子会社の非支配株主)
5．その他の包括利益の計算方法は？（包括利益－当期純利益）

6．個別財務諸表での包括利益の表示は？
　（当期純利益＋その他の包括利益の内訳項目）
7．包括利益の表示が定義と異なる理由は？（純利益を示し有用だから）
8．連結財務諸表での包括利益の表示は？
　（当期純利益＋その他の包括利益の内訳項目）
9．その他の包括利益の内訳項目は？①（その他有価証券評価差額金）
　②（繰延ヘッジ損益）③（為替換算調整勘定）④（退職給付に係る調整額）

穴埋め

短答

23

解答
4

1．ア（当期純利益）　イ（有用性）
　☞解説：包括利益の表示に関する会計基準22

2．包括利益とは、資本取引（によらない純資産の変動額）である。
　☞解説：包括利益の表示に関する会計基準4

3．（その他の包括利益は、包括利益と当期純利益の差額である。）
　☞解説：包括利益の表示に関する会計基準5

○×

総合

問題 5

次の文章の空欄に適切な語句を記入し、各文章にタイトルを付しなさい。

1．包括利益を表示する計算書の形式には、（①）と（②）がある。（①）には、当期純利益と包括利益が明確に区別される利点があり、（②）は一覧性、明瞭性、理解可能性に優れている。

2．クリーン・サープラス関係とは、ある期間における（③）の増減（資本取引による増減を除く。）が当該期間の（④）と等しくなる関係をいう。個別財務諸表では、（⑤）の増減が（⑥）と等しい関係が成立し、連結財務諸表では、これに加えて（⑦）の増減が包括利益に等しい関係が成立している。

3．リサイクリングとは、（⑧）を（⑥）に振替えることをいう。リサイクリングは、純利益に関する（⑨）の原則とクリーン・サープラス関係を満たすために不可欠である。しかし、異なる利益を2度にわたり計上し、その他有価証券の売却等により純利益を操作する余地を残す等の問題点が指摘される。

☆
☆☆
☆

問題 6

次の文章の正否を○×で示し、×の場合はその理由を述べること。

1．純利益の情報は長期にわたって投資家に広く利用されており、その有用性を支持する経験的な証拠も確認されているため、純利益には独立した地位が与えられている。したがって、損益計算書のボトムラインは当期純利益でなければならない。

2．わが国の討議資料「財務会計の概念フレームワーク」によれば、包括利益とは、特定期間における純資産の変動額のうち、報告主体の所有者である株主、子会社の少数株主、および将来それらになり得るオプションの所有者との直接的な取引によらない部分をいう。そして、この包括利益と株主資本との間には、クリーン・サープラス関係が成立している。

3．包括利益は、特定期間における純資産の変動額から資本取引による増減額を除いた額と一致する。この場合の資本取引には、新株予約権者との取引は含まれるが、非支配株主との取引は含まれない。

☆

1．包括利益を表示する計算書の形式

①2計算書方式　②1計算書方式

☞解説：包括利益の表示に関する会計基準 11、33

2．クリーン・サープラス関係の意義と具体的関係

③資本　④利益　⑤株主資本　⑥当期純利益　⑦純資産

☞解説：包括利益の表示に関する会計基準 21

3．リサイクリングの意義と特徴

⑧その他の包括利益　⑨一致

☞解説：包括利益の表示に関する会計基準 31

1．×（理由：1計算書方式も認められる。）

☞基準：包括利益の表示に関する会計基準 11、22

2．×（理由：株主資本⇒純資産）

☞基準：包括利益の表示に関する会計基準 21

3．×（理由：子会社の非支配株主との取引も含まれる。）

☞基準：包括利益の表示に関する会計基準 4

1. 一般的なクリーン・サープラス関係は？（　　　　　　　　　　）
2. 個別財務諸表で成立するクリーン・サープラス関係は？
　（　　　　　　　　　　　　）
3. 連結財務諸表のみで成立するクリーン・サープラス関係は？
　（　　　　　　　　　　　）
4. 純資産の変動額を表示する目的は？（　　　　　　　　　　　　）

5. リサイクリングとは？（　　　　　　　　　　　　　　　　　　）
6. リサイクリングの問題点を2つ示せ。
　① （　　　　　　　　　　　）② （　　　　　　　　　　　　）
7. リサイクリングをしない場合の問題点は？（　　　　　　　　　）

8. 1計算書方式での計算書の名称は？（　　　　　　　　　　　）
9. 2計算書方式での計算書の名称は？（　　　　　　）（　　　　　）
10. 1計算書方式の利点は？（　　　　　　　　　　　　　　　　　）
11. 2計算書方式の利点は？（　　　　　　　　　　　　　　　　　）

1. 包括利益計算書の方式である1計算書方式と2計算書方式の利点をそ
れぞれ示しなさい。
　（　　　　　　　　　　　　　　　　　　　　　　　　　　　　
　　　　　　　　　　　　　　　　　　　　　　　　　　　　　　）

2. リサイクリングの意義と必要性を簡潔に述べなさい。
　（　　　　　　　　　　　　　　　　　　　　　　　　　　　　
　　　　　　　　　　　　　　　　　　　　　　　　　　　　　　
　　　　　　　　　　　　　　　　　　　　　　　　　　　　　　）

3. リサイクリングを行う場合の企業の全体期間における包括利益と純利
益の関係について述べなさい。
　（　　　　　　　　　　　　　　　　　　　　　　　　　　　　）

4. リサイクリングの問題点について述べなさい。
　（　　　　　　　　　　　　　　　　　　　　　　　　　　　　）

1．一般的なクリーン・サープラス関係は？（資本の増減＝利益）
2．個別財務諸表で成立するクリーン・サープラス関係は？
　（株主資本の増減＝当期純利益）
3．連結財務諸表のみで成立するクリーン・サープラス関係は？
　（純資産の増減＝包括利益）
4．純資産の変動額を表示する目的は？（情報の全体的な有用性を高める）

5．リサイクリングとは？（その他の包括利益の当期純利益への振替え）
6．リサイクリングの問題点を2つ示せ。
　①（利益を2度計上する）②（純利益操作の可能性がある）
7．リサイクリングをしない場合の問題点は？（一致の原則に反する）

8．1計算書方式での計算書の名称は？（損益及び包括利益計算書）
9．2計算書方式での計算書の名称は？（損益計算書）（包括利益計算書）
10．1計算書方式の利点は？（一覧性、明瞭性、理解可能性等に優れる）
11．2計算書方式の利点は？（当期純利益と包括利益が明確に区別される）

1．（1計算書方式は、一覧性、明瞭性、理解可能性等に優れ、2計算書方
　　式によれば当期純利益と包括利益が明確に区別される利点がある。）
　☞解説：包括利益の表示に関する会計基準33

2．（リサイクリングとは、その他の包括利益を純利益に振替えることをい
　　い、包括利益の表示過程で純利益を表示するために必要である。）
　☞解説：包括利益の表示に関する会計基準30、概念フレームワーク第3章12、(10)

3．（企業の全体期間における包括利益と純利益は一致する。）
　☞解説：リサイクリングを行わない場合、純利益は一致の原則を満たさず、これまで
　　　　　に計上されていた純利益とは異なるものが計上されることになります。リサ
　　　　　イクリングを行った場合の純利益は一致の原則を満たします。

4．（異なる利益が2度、計上され、純利益操作の余地がある。）

Chapter **24** 企業結合等

24-1 企業結合とは ★★★

　企業結合とは、企業（事業）の報告単位の統合をいう。
　共同支配企業の形成及び共通支配下の取引以外の企業結合は取得に該当し、パーチェス法で会計処理する。
　取得とは、ある企業が他の企業（事業）の支配を獲得することをいう。

24-2 取得企業と取得原価の決定 ★☆☆

　企業結合における取得企業は他の企業の支配を獲得した企業であり、それでも決定されない場合は、企業結合で資産を引き渡す企業又は株式を交付する企業を取得企業とする。
　被取得企業又は取得した事業の取得原価は、原則として、取得の対価（支払対価）となる財の企業結合時における時価で算定する。

24-3 取得と持分の結合 ★★★

　企業結合により、被結合企業の株主の持分が継続している場合（持分の結合）は、帳簿価額を引継ぐ会計処理（持分プーリング法）をし、継続していない場合（取得）は、清算・再投資が行われたものとして会計処理（パーチェス法）する。
　パーチェス法は、受入資産・負債の取得原価を交付資産の時価とし、持分プーリング法は、資産・負債・資本を帳簿価額で引継ぐ。
　すべての資産・負債を時価に評価替えするのがフレッシュ・スタート法である。

　企業結合で登場する「のれん」。その償却・非償却の考え方と自己創設のれんは極めて重要です。しっかりと学習しましょう。

24-4 のれんの会計処理 ★★☆

取得原価が受入純資産を上回る場合の超過額をのれんという。

のれんは無形固定資産に計上し、20年以内の効果の及ぶ期間で定額法等により償却する。

負ののれんは、特別利益（負ののれん発生益）として計上する。

24-5 自己創設のれん ★★★

のれんには対価性のある有償取得のれんと対価性のない自己創設のれんがある。

自己創設のれんの計上は、経営者による企業価値の自己評価・自己申告を意味するため、事実の開示という財務報告の目的に反し、認められない。

24-6 のれんの償却・非償却 ★★★

のれんの償却には、要償却説と償却不要説がある。のれんは超過収益力を源泉としており、償却を行い回収余剰計算としての損益計算を行うことが、自己創設のれんの計上を防ぐことになる。

のれんを償却しなければ、のれんの減価の過程を無視することとなり、自己創設のれんを計上することと等しくなる。

24-7 事業分離 ★★☆

事業分離とは、事業を他の企業に移転させることをいう。

投資が清算されたとみる事業分離では分離元企業が受け取った現金等の財産は、時価で計上し、移転した事業に係る株主資本相当額との差額は、移転損益として認識する。

投資が継続している事業分離における分離元企業では、移転損益を認識せず、分離元企業が受け取った分離先企業の株式の取得原価は、移転した事業に係る株主資本相当額に基づいて算定する。

次の文章の空欄に適切な語句を記入し、**各文章にタイトルを付しなさい。**

企業結合等

1．企業結合は、複数の企業の（ ① ）の統合を意味し、その経済的実態には、（ ② ）と（ ③ ）がある。（ ② ）とは他企業の（ ④ ）を獲得して一つの（ ① ）になる企業結合をいい、（ ③ ）とは他企業の（ ④ ）を獲得せず、それぞれの企業のリスクと便益を共有し、一つの（ ① ）となる企業結合をいう。

2．企業結合の会計処理は、（ ⑤ ）によるが、経済的実態に応じた会計処理を行う考えもある。すなわち、（ ② ）の場合には（ ⑤ ）、（ ③ ）の場合には（ ⑥ ）を適用すべきとする考え方である。

3．（ ⑤ ）とは受入資産、負債の取得原価に対価となる資産の（ ⑦ ）を用いる方法をいい、（ ⑥ ）とは受入資産、負債の（ ⑧ ）を引き継ぐ方法をいう。

4．のれんとは、取得した事業の（ ⑨ ）が、取得した資産や引き受けた負債に配分された純額を（ ⑩ ）する額をいい、（ ⑪ ）する額は負ののれんという。

☆
☆
☆

次の文章の正否を○×で示し、×の場合はその理由を述べること。

企業結合等

1．ある企業を構成する事業と他の企業を構成する事業とが一つの報告単位に統合される場合、当該取引は企業結合に該当する。

2．持分の結合とは他企業の支配を獲得して一つの報告単位になる企業結合をいい、取得とは他企業の支配を獲得せず、それぞれの企業のリスクと便益を共有し、一つの報告単位となる企業結合をいう。

3．企業結合においていずれかの結合当事企業において持分の継続が絶たれていると判断されるならば、対応する資産及び負債を帳簿価額で引き継ぐパーチェス法が、損益計算の観点から優れている。

☆

解答
1

1．企業結合の意義と経済的実態
　①報告単位　②取得　③持分の結合　④支配
　☞解説：企業結合に関する会計基準 5、66、67

2．企業結合の会計処理
　⑤パーチェス法　⑥持分プーリング法
　☞解説：企業結合に関する会計基準 63

3．パーチェス法と持分プーリング法の意義
　⑦時価　⑧帳簿価額
　☞解説：企業結合に関する会計基準 63

4．のれんと負ののれんの意義
　⑨取得原価　⑩超過　⑪不足
　☞解説：企業結合に関する会計処理 31

穴埋め

短答

24

解答
2

1．○
　☞基準：企業結合に関する会計基準 5、66、67

2．×（理由：取得と持分の結合が逆）
　☞基準：企業結合に関する会計基準 67、68

3．×（理由：帳簿価額⇒時価）
　☞基準：企業結合に関する会計基準 63、75

○×

総合

問題 3

企業結合等

1. 企業結合の会計処理方法は？（　　　　　　　）
2. パーチェス法とは？
   （　　　　　　　　　　　　　　　　　　　　　　）
3. 持分プーリング法とは？（　　　　　　　　　　　　　）
4. 取得の経済的実態は？（　　　　　　　　　　　　　　）
5. 持分プーリング法と共通性を持つ他の処理は？（　　　　　）

6. のれんとは？（　　　　　　　　　　　　　　　　　　　　）
7. のれんの主な発生原因は何か？（　　　　　　　）

8. のれんの償却期間は？（　　　　　　　　　　　）
9. のれんの償却方法は？（　　　　　　）
10. のれんの会計処理方法は？
    ①（　　　　　　　　　　）②（　　　　　　　　　　）
11. のれんの規則的な償却を行わないときの問題点は？
    ①（　　　　　　　　　　　）②（　　　　　　　　　　）

問題 4

企業結合等

1. 空欄に該当する語句を答えなさい。

　　企業結合とは、ある企業又はある企業を構成する事業と他の企業又は他の企業を構成する事業とが1つの報告単位に統合されることをいう。
　　共同支配企業の形成及び共通支配下の取引以外の企業結合は（　ア　）となる。この場合における会計処理は（　イ　）による。
　　ア（　　　　　　　）イ（　　　　　　）

2. 上記1ア以外の企業結合における①経済的実態、②会計処理名称、③②の会計処理と通底する他の取引例をそれぞれ示しなさい。

　　①（　　　　　）②（　　　　　　　　　）③（　　　　　　　　）

3. 上記2で掲げる会計処理では生じないものの上記1イの会計処理では生ずる項目を指摘し、企業結合にとらわれない一般的な定義を使用価値と市場価値の二語を用いて示しなさい。

　　項目名（　　　）定義（　　　　　　　　　　　　　）

1. 企業結合の会計処理方法は？（パーチェス法）

2. パーチェス法とは？
（資産・負債の取得原価を交付資産の時価とする方法）

3. 持分プーリング法とは？（資産・負債・資本を適正な簿価で引き継ぐ方法）

4. 取得の経済的実態は？（ある企業が他の企業の支配を獲得すること）

5. 持分プーリング法と共通性を持つ他の処理は？（非貨幣財同士の交換）

6. のれんとは？（取得原価が受入資産負債に配分された純額を超える金額）

7. のれんの主な発生原因は何か？（超過収益力）

8. のれんの償却期間は？（20 年以内の効果の及ぶ期間）

9. のれんの償却方法は？（定額法等）

10. のれんの会計処理方法は？
   ①（規則的な償却を行う方法）②（減損処理を行う方法）

11. のれんの規則的な償却を行わないときの問題点は？
   ①（減価の過程が無視されるから）②（自己創設のれんの計上と同じ）

解答 **3**

穴埋め 短答 24

---

1. ア（取得）　イ（パーチェス法）
   ☞解説：企業結合に関する会計基準 5、17

2.
   ①（持分の結合）　②（持分プーリング法）　③（同種・同用途固定資産の交換）
   ☞解説：企業結合に関する会計基準 68、66、67

3. 項目名（のれん）　定義（市場価値を超える使用価値）
   ☞解説：概念フレームワーク第 4 章 21

解答 **4**

○×　総合

次の文章の空欄に適切な語句を記入し、**各文章にタイトルを付しなさい。**

1．企業結合において、取得原価が受入純資産に不足する場合のその不足額を（　①　）という。受入純資産に適切に配分されているかを見直してもなお生ずる（　①　）は（　②　）として処理する。

2．事業分離において、投資が（　③　）され、（　④　）を認識するとともに、改めて時価で投資を行ったとみる場合は、事業分離時点での（　⑤　）が新たな投資原価となる。その投資原価を超えて回収できれば、その超過額が企業にとっての（　②　）となる。

3．事業分離において、投資が（　⑥　）し、（　④　）を認識しない場合は、事業分離によっても投資の（　③　）と（　⑦　）は行われていないとみるため、移転直前の（　⑧　）がそのまま投資原価となる。この投資原価を超えて回収できれば、その超過額が企業にとっての（　②　）となる。

☆
☆☆
☆

次の文章の正否を○×で示し、×の場合はその理由を述べること。

1．企業結合時に被取得企業の資産や負債を時価評価するにあたり、識別可能な無形資産の計上が認められ、同時に負ののれんが計上される場合がある。

2．投資が清算するとみられる事業分離では、移転損益は認識されず、投資が継続するとみられる事業分離では、移転損益を認識することになる。

3．投資が清算するとみられる事業分離の会計処理は、固定資産の売却や異種資産の交換の会計処理と整合的であり、投資が継続するとみられる事業分離の会計処理は、同種資産の交換の会計処理と整合的である。

4．対価が現金のみの事業分離では投資は継続するとみられ、対価が子会社株式及び関連会社株式のみの事業分離では投資が清算するとみられる。

☆

解答
5

1．負ののれんの意義と会計処理
　①負ののれん　②利益
　☞解説：企業結合に関する会計基準 31、33

2．投資が清算されるとみる事業分離のその後の損益計算
　③清算　④移転損益　⑤時価
　☞解説：事業分離等に関する会計基準 70

3．投資が継続するとみる事業分離のその後の損益計算
　⑥継続　⑦再投資　⑧帳簿価額
　☞解説：事業分離等に関する会計基準 70

穴埋め

短答

24

解答
6

1．×（理由：識別可能な無形資産は計上しなければならない。）
　☞基準：企業結合に関する会計基準 28、29

2．×（理由：移転損益が認識されるかが逆）
　☞基準：事業分離等に関する会計基準 10

3．○
　☞基準：事業分離等に関する会計基準 67、68

4．×（理由：清算と継続が逆）
　☞基準：事業分離等に関する会計基準 14、17

○
×

総合

問題 7

1. フレッシュ・スタート法とは？（　　　　　　　　　　　　　　　　　　　　　　　）
2. 負ののれんとは？
　（　　　　　　　　　　　　　　　　　　　　　　　　　　　　　　）
3. 負ののれんの会計処理は？（　　　　　　　　　　　）

4. 事業分離とは？（　　　　　　　　　　）

5. 投資が継続している事業分離での移転損益は（　　　　　　）
6. 投資が清算したとみる事業分離での移転損益は（　　　　　）
7. 投資が継続している事業分離での投資原価は（　　　　　）
8. 投資が清算したとみる事業分離での投資原価は（　　　　　　　）

9. 投資が継続しているとみる事業分離と同様の経済的実態を持つ取引は？
　（　　　　　　　　　　　　　　　）
☆
☆ 10. 投資が清算したとみる事業分離と同様の経済的実態の取引は？
　（　　　　　　　　　　　　　　　）

問題 8

1. 空欄に該当する語句を答えなさい。

　　分離元企業は、事業分離日に、次のように会計処理する。
　① 移転した事業に関する投資が（　ア　）されたとみる場合には、その事業を分離先企業に移転したことにより受け取った対価となる財の時価と、移転した事業に係る株主資本相当額との差額を（　イ　）として認識するとともに、改めて当該受取対価の時価にて投資を行ったものとする。
　② 移転した事業に関する投資がそのまま（　ウ　）しているとみる場合、（　イ　）を認識せず、その事業を分離先企業に移転したことにより受け取る資産の取得原価は、移転した事業に係る株主資本相当額に基づいて算定する。

　　ア（　　　　　）イ（　　　　　）ウ（　　　　　）

2. **対価が現金のみの事業分離と対価が子会社株式のみの事業分離は上記1①と②のいずれに該当するか指摘しなさい。**

　　対価が現金のみの事業分離（　　　）

☆
☆　　対価が子会社株式のみの事業分離（　　　）

1. フレッシュ・スタート法とは？（資産・負債を時価に評価替えする方法）
2. 負ののれんとは？
　（取得原価が取得した資産等に配分された純額を下回る金額）
3. 負ののれんの会計処理は？（利益として処理する）

4. 事業分離とは？（事業の他への移転）

5. 投資が継続している事業分離での移転損益は（生じない）
6. 投資が清算したとみる事業分離での移転損益は（生じる）
7. 投資が継続している事業分離での投資原価は（帳簿価額）
8. 投資が清算したとみる事業分離での投資原価は（清算・再投資額）

9. 投資が継続しているとみる事業分離と同様の経済的実態を持つ取引は？
　（同種・同用途固定資産の交換）
10. 投資が清算したとみる事業分離と同様の経済的実態の取引は？
　（固定資産の売却、異種資産の交換）

1. ア（清算）イ（移転損益）ウ（継続）
　☞解説：事業分離等に関する会計基準10

2. 対価が現金のみの事業分離（　①　）
　　対価が子会社株式のみの事業分離（　②　）
　☞解説：事業分離等に関する会計基準14、17

Chapter 25 キャッシュ・フロー計算書

25-1 キャッシュ・フロー計算書の意義と必要性 ★★☆

キャッシュ・フロー計算書は、企業の一会計期間のキャッシュ・フローの状況を営業・投資・財務の各活動区分別に示す財務諸表である。

キャッシュ・フロー計算書は、企業活動全体を対象とし、キャッシュ・フローの獲得能力（支払能力）と利益の資金的な裏付けを示す。

25-2 資金の範囲 ★★★

キャッシュ・フロー計算書に記載すべき資金の範囲は現金及び現金同等物である。

現金には手許現金と要求払預金がある。

現金同等物とは、換金が容易で僅少な価値の変動リスクしか負わない短期投資をいう。

25-3 キャッシュ・フロー計算書の表示区分 ★☆☆

キャッシュ・フロー計算書は、営業活動によるキャッシュ・フロー、投資活動によるキャッシュ・フロー、財務活動によるキャッシュ・フローに区分する。

キャッシュの流れを記載したキャッシュ・フロー計算書について学習しましょう。

25-4 直接法と間接法 ★★☆

　営業活動によるキャッシュ・フローの区分の記載方法には、直接法と間接法があり、継続適用を条件としていずれかを選択適用する。

　直接法はキャッシュ・フローの総額を記載する方法であり、実務上の手数を要する。

　間接法は、純利益に調整項目を加減してキャッシュ・フローを算出する方法であり、純利益とキャッシュ・フローの関係がわかるが、キャッシュ・フローの総額がわからない。

次の文章の空欄に適切な語句を記入し、各文章にタイトルを付しなさい。

1. キャッシュ・フロー計算書とは、企業の一会計期間の資金の流れ（キャッシュ・フロー）を示す財務諸表である。記載すべき資金には、現金と現金同等物が含まれる。現金同等物とは、換金が容易で、（ ① ）の変動に僅少なリスクしか負わない（ ② ）投資（通常は３月以内）を意味する。

2. キャッシュ・フロー計算書の区分には、（ ③ ）活動によるキャッシュ・フロー、（ ④ ）活動によるキャッシュ・フロー、（ ⑤ ）活動によるキャッシュ・フローの３区分がある。

3. 営業活動によるキャッシュ・フロー区分の表示方法には、（ ⑥ ）と（ ⑦ ）がある。（ ⑥ ）は、キャッシュ・フローの総額を表示する方法であり、（ ⑦ ）は、損益計算書の（ ⑧ ）から間接的にキャッシュ・フローを計算する方法である。（ ⑦ ）では、キャッシュ・フローの総額は示されないが、作成が容易で、損益計算との対比が可能である。

☆
☆☆
☆

次の文章の正否を○×で示し、×の場合はその理由を述べること。

1. キャッシュ・フロー計算書が対象とする資金の範囲は、現金と現金同等物である。現金同等物は換金が容易で、僅少な価値の変動リスクしか負わない短期投資を意味するのであるから、資金には売掛金等の売上債権は含まれないが、市場性があり換金性のある売買目的有価証券に該当する株式は含まれる。

2. 営業活動によるキャッシュ・フロー区分の表示方法には、直接法と間接法があるが、直接法は、キャッシュ・フローを直接的に集計する方法であり、キャッシュ・フローの総額を把握できる原則的方法として認められている。

3. 間接法は、損益計算書の税引前当期純利益から間接的にキャッシュ・フローを計算する方法である。間接法では、キャッシュ・フローの総額が示されないが、作成が容易で、損益計算との対比が可能となる。

☆

1．キャッシュ・フロー計算書の意義と資金の範囲
①価値 ②短期
☞解説：連結キャッシュ・フロー計算書等の作成基準 第一、第二 一

2．キャッシュ・フロー計算書の表示区分
③営業 ④投資 ⑤財務
☞解説：連結キャッシュ・フロー計算書等の作成基準 第二 二 1

3．キャッシュ・フロー計算書の表示方法
⑥直接法 ⑦間接法 ⑧税引前当期純利益
☞解説：連結キャッシュ・フロー計算書等の作成基準 意見書 三 4

解答
1

穴埋め

短答

25

1．× （理由：株式は換金性があっても、価値の変動リスクがあり、資金に含まれない。）
☞基準：連結キャッシュ・フロー計算書等の作成基準 第二 一

2．× （理由：直接法と間接法はどちらが原則ではなく、選択制である。）
☞基準：連結キャッシュ・フロー計算書等の作成基準 第三 一

3．○
☞基準：連結キャッシュ・フロー計算書等の作成基準 意見書 三 4

解答
2

○×

総合

1．キャッシュ・フロー計算書で示されるものは？
（　　　　　　　　　　　　　　　　　　　　　）

2．資金の範囲は？（　　　　　　　　　　）

3．現金同等物とは？
（　　　　　　　　　　　　　　　　　　　　　　　　　）

4．キャッシュ・フロー計算書の表示区分をあげよ。
①（　　　　　　　　　　）②（　　　　　　　　　）③（　　　　　　　　）

5．直接法とは？（　　　　　　　　　　　　　　　）

6．間接法とは？（　　　　　　　　　　　　　　　　　　）

7．直接法と間接法が異なる区分は？（　　　　　　　　　）

8．直接法の長所は？（　　　　　　　　　　　）

9．直接法の短所は？（　　　　　　　　）

10．間接法の長所は？①（　　　　　　　　　　）②（　　　　　　　　　）

1．空欄に該当する語句を答えなさい。
　　キャッシュ・フロー計算書が対象とする資金の範囲は現金及び（　ア　）とする。キャッシュ・フロー計算書には、（　イ　）活動によるキャッシュ・フロー、（　ウ　）活動によるキャッシュ・フロー、（　エ　）活動によるキャッシュ・フローの区分を設けなければならない。
　　ア（　　　　　　）イ（　　　　　　）ウ（　　　　　　）エ（　　　　　）

2．次の取引は、上記①イ～エのいずれの区分に記載されるか答えなさい。
　　①自己株式の取得支出　②法人税等の支払額　③損害賠償金の支払額
　　①（　　　）②（　　　）③（　　　）

3．基準では、営業活動によるキャッシュ・フローの区分の表示方法として直接法と間接法の選択適用を認めている。両方法の長所を1つずつ指摘しなさい。
　　直接法（　　　　　　　　　　　　　　　　　　　　　　　　　）
　　間接法（　　　　　　　　　　　　　　　　　　　　　　　　　）

1．キャッシュ・フロー計算書で示されるものは？
　（一会計期間におけるキャッシュ・フローの状況）

2．資金の範囲は？（現金と現金同等物）
3．現金同等物とは？
　（換金が容易で、かつ価値の変動リスクが僅少な短期投資）

4．キャッシュ・フロー計算書の表示区分をあげよ。
　①（営業活動によるキャッシュ・フロー）
　②（投資活動によるキャッシュ・フロー）
　③（財務活動によるキャッシュ・フロー）
5．直接法とは？（キャッシュ・フローの総額を記載する方法）
6．間接法とは？（税引前当期純利益に調整項目を加減する方法）
7．直接法と間接法が異なる区分は？（営業活動によるキャッシュ・フロー）
8．直接法の長所は？（キャッシュ・フローが総額で表示される）
9．直接法の短所は？（手間がかかる）
10．間接法の長所は？①（簡便）②（純利益とキャッシュ・フローの関係が示される）

解答 3

1．ア（現金同等物）　イ（営業）　ウ（投資）　エ（財務）
　☞解説：連結キャッシュ・フロー計算書等の作成基準 第二 一、二 1

2．①（　エ　）②（　イ　）③（　イ　）
　☞解説：連結キャッシュ・フロー計算書等の作成基準 注3、4、5

3．直接法（キャッシュ・フローの総額を示すことができる）
　　間接法（キャッシュ・フローと純利益の関係を示すことができる）
　☞解説：連結キャッシュ・フロー計算書等の作成基準 意見書 三 4

解答 4

次の文章の空欄に適切な語句を記入し、**各文章にタイトルを付しなさい。**

1. 企業の各期の利益合計が全体期間の利益に一致するとの原則を（ ① ）という。各期のキャッシュ・フローは全体期間のキャッシュ・フローに一致する。全体期間の利益が全体期間のキャッシュ・フローに一致することが利益計算の制約であり、（ ② ）と（ ③ ）はいずれもこの制約を満たしている。

2. キャッシュ・フロー計算書において、法人税等は（ ④ ）活動によるキャッシュ・フローの区分に記載されるが、これは活動区分ごとに課税所得を分割することが困難なためである。

3. 利息及び配当金の表示方法には、（ ⑤ ）の算定に含まれる受取利息、受取配当金及び支払利息は（ ④ ）活動区分に、支払配当金は（ ⑥ ）活動区分に記載する方法と投資活動の成果である受取利息及び受取配当金は（ ⑦ ）活動区分に、財務活動上のコストである支払利息及び支払配当金は（ ⑥ ）活動区分に記載する方法の選択適用が認められている。

次の文章の正否を○×で示し、**×の場合はその理由を述べること。**

1. キャッシュ・フロー計算書における支払利息は、「営業活動によるキャッシュ・フロー」区分または「財務活動によるキャッシュ・フロー」区分のいずれかに表示してもよい。

2. キャッシュ・フロー計算書において、支払配当金は「財務活動によるキャッシュ・フロー」の区分に記載する。

3. 現金同等物には、取得日から満期日または償還日までの期間が三か月以内の短期投資である定期預金、譲渡性預金、コマーシャル・ペーパー、売戻し条件付現先、公社債投資信託などが含まれる。したがって、発行時より保有している期間5年の社債で満期日が3か月以内となったものは、現金同等物に振り替えなければならない。

解答
5

穴埋め

短答

1．利益計算とキャッシュ・フロー計算の関係

①一致の原則（合致の原則） ②包括利益 ③純利益

☞解説：企業の各期間の利益合計が全体期間の利益に一致するとの原則を一致の原則
といいます。利益計算はキャッシュ・フロー計算をもとにしており、各期間
のキャッシュ・フロー合計が全体期間のキャッシュ・フロー合計に一致し、
全体期間の利益は全体期間のキャッシュ・フローに一致するという関係があ
ります。

2．法人税等の記載区分とその理由

④営業

☞解説：連結キャッシュ・フロー計算書等の作成基準 意見書 三 3 （5）

3．利息及び配当金の表示方法

⑤損益 ⑥財務 ⑦投資

☞解説：連結キャッシュ・フロー計算書等の作成基準 意見書 三 3 （6）

25

解答
6

1．○

☞基準：連結キャッシュ・フロー計算書等の作成基準 第二 二 3

2．○

☞基準：連結キャッシュ・フロー計算書等の作成基準 第二 二 3

3．× （理由：貸借対照表の流動固定区分とは異なり、当初の満期日まで
の期間で判断する。）

☞基準：連結キャッシュ・フロー計算書等の作成基準 第二 注2

○
×

総合

1．利益計算とキャッシュ・フロー計算の関係は？（　　　　　　　　　　　　）

2．資金の範囲の注記が求められる理由は？（　　　　　　　　　　　）

3．資金の貸借対照表科目別内訳の注記が必要な理由は？
　（　　　　　　　　　　　　　　　　　　）

4．直接法と関連を持つ利益計算法は？（　　　　）

5．直接法と損益法の共通点は？（　　　　　　　　）

6．間接法と関連を持つ利益計算法は？（　　　　）

7．間接法と財産法の共通点は？（　　　　　　　　　）

8．法人税等の記載は？（　　　　　　　　　　　）

9．法人税等の記載の理由は？
　（　　　　　　　　　　　　）

☆
☆

1．利息及び配当金に係るキャッシュ・フロー計算書の記載区分については、損益計算とのかかわりを重視する方法（第1法）と活動内容とのかかわりを重視する方法（第2法）があります。解答欄に示す項目がそれぞれの方法による場合にいずれの区分に記載されるか答えなさい。なお、表示区分については①営業活動区分、②投資活動区分、③財務活動区分ごとに番号で示すこと。

　　第1法：受取利息（　）支払利息（　）受取配当金（　）支払配当金（　）
　　第2法：受取利息（　）支払利息（　）受取配当金（　）支払配当金（　）

2．資金の範囲に関連する注記事項のうち、次のそれぞれの注記が要求される理由を簡潔に述べなさい。

　　①資金の範囲の内容
　　②資金の期末残高の貸借対照表科目別の内訳
　　　①（　　　　　　　　　　　　　　　　　　　　　）
　　　②（　　　　　　　　　　　　　　　　　　　　　）

☆
☆

解答
7

1. 利益計算とキャッシュ・フロー計算の関係は？（全体期間の両者が一致する）

2. 資金の範囲の注記が求められる理由は？（期間比較、企業間比較の確保）
3. 資金の貸借対照表科目別内訳の注記が必要な理由は？
（資金と現金預金の関係を明らかにするため）

4. 直接法と関連を持つ利益計算法は？（損益法）
5. 直接法と損益法の共通点は？（フロー計算である点）
6. 間接法と関連を持つ利益計算法は？（財産法）
7. 間接法と財産法の共通点は？（ストック比較計算である点）

8. 法人税等の記載は？（営業活動によるキャッシュ・フローに一括記載）
9. 法人税等の記載の理由は？
（活動区分ごとに課税所得を分割するのが困難だから）

解答
8

1. 第1法：受取利息（①）支払利息（①）受取配当金（①）支払配当金（③）
　　第2法：受取利息（②）支払利息（③）受取配当金（②）支払配当金（③）
　　☞解説：連結キャッシュ・フロー計算書等の作成基準 第二 二 3

2.
　①（期間比較、企業間比較の確保）
　②（資金と貸借対照表の現金及び預金との関係を明らかにするため）
　　☞解説：連結キャッシュ・フロー計算書等の作成基準 第四

Chapter 26 開示制度等

26-1 制度会計の種類 ★☆☆

制度会計には、会社法に基づく会社法会計と金融商品取引法に基づく金融商品取引法会計がある。

26-2 会社法会計の目的と計算書類の種類 ★☆☆

会社法会計は、債権者保護を目的とし、計算書類として貸借対照表、損益計算書、株主資本等変動計算書、個別注記表を開示する。

26-3 金融商品取引法会計の目的と財務諸表の種類 ★☆☆

金融商品取引法会計は、投資者保護を目的とし、財務諸表として貸借対照表、損益計算書、株主資本等変動計算書、キャッシュ・フロー計算書、附属明細表を開示する。

26-4 財務会計の機能と制度会計 ★☆☆

財務会計の機能には、情報提供機能と利害調整機能がある。会社法会計では利害調整機能が重視され、金融商品取引法会計では、情報提供機能が重視される。

制度会計には、会社法会計と金融商品取引法会計があります。

─────────── コラム ───────────

●アウトプットを重視しよう！●

インプットとアウトプット

　学習には大きくインプットのための学習とアウトプットのための学習があります。インプットでは、テキストを読んだり、講義を聞いたりといった学習を行います。アウトプットでは、問題を解くことが多いでしょうか。自分で自分に説明するセルフレクチャーは、インプットの簡単な確認を兼ねたアウトプットに近いといえるかもしれません。セルフレクチャーは、インプット段階での簡易なアウトプットの実践なのです。

どの程度の比率で学習するのがよいか？

　インプットとアウトプットの比率はどの程度がいいのかは一概に言えません。だいたい３：７位がよいといわれることが多いようです。必ずしも絶対的ではありませんが、１：１よりもインプットの比重をやや落とし、アウトプットの比重を高めるのが学習効果も高いようです。

アウトプットを重視するのは何故か？

　アウトプットを重視するのは、記憶が実際に使う段階で定着するからです。知識は実際に使うことで定着します。その例が問題を解くといったアウトプットなのです。

インプットとアウトプットの相互往復

　アウトプットを意識したインプットやインプットを意識したアウトプットができれば理想的ですが、それほど簡単ではありません。簡単にでも意識することである程度の効果を得ることはできそうです。問題とテキスト等の相互往復が理想といえるでしょう。

　インプットとアウトプットの相互往復をはかるのは簡単ではありません。一般に知識がない場合のインプット段階でアウトプットを想像するのは難しいでしょう。しかし、インプットを終え、アウトプット段階でインプットを想像するのはそれほど難しくありません。また、アウトプットに早く移行し、必要に応じてインプットに戻ればよいのです。

　インプットとアウトプットのバランスに目を向けましょう。

次の文章の空欄に適切な語句を記入し、各文章にタイトルを付しなさい。

1. わが国のディスクロージャー制度（開示制度）には、会社法による（　①　）と金融商品取引法による（　②　）がある。（　①　）の対象はすべての会社であるが、（　②　）の対象は上場会社等の大規模な会社に限定される。

2. （　①　）の主たる狙いは（　③　）と（　④　）との間の利害調整、すなわち（　③　）保護にある。このために設けられているのが（　④　）に対する会社財産の払戻しの限度額、すなわち（　⑤　）を設けた分配規制である。剰余金の配当や自己株式の取得は、この（　⑤　）を限度としてしか行うことができない。なお、会社法会計上の計算書類等には、計算書類（貸借対照表、損益計算書、株主資本等変動計算書、個別注記表）、（　⑥　）、附属明細書がある。

3. （　②　）の主たる狙いは投資者に対する情報提供にある。（　②　）の開示対象となる財務諸表には、貸借対照表、損益計算書、株主資本等変動計算書、（　⑦　）及び附属明細表がある。

次の文章の正否を○×で示し、×の場合はその理由を述べること。

1. 企業の外部利害関係者に対する会計、すなわち財務会計が有する機能には、情報提供機能と利害調整機能がある。情報提供機能を重視するなら投資家に対して保守主義に基づいた財務情報を提供することが望ましい。

2. 将来のキャッシュ・フローの予測に有用であり、投資者の企業価値の評価に役立つ会計情報が提供される場合、財務会計の情報提供機能が果たされているといえる。

3. 株式会社には、キャッシュ・フロー計算書の作成とその株主総会への報告が義務付けられている。

4. 金融商品取引法は、投資者保護の見地から、株式会社の剰余金の配当について規制を加えている。

1．会社法会計と金融商品取引法会計
①会社法会計　②金融商品取引法会計

2．会社法会計の目的と計算書類等
③債権者　④株主　⑤分配可能額　⑥事業報告
☞解説：会社法435、442、会社計算規則59

3．金融商品取引法会計と財務諸表
⑦キャッシュ・フロー計算書
☞解説：財務諸表等規則第1条

解答1

穴埋め

短答

1．×（理由：情報提供機能と保守主義との間に関係はない。）

2．○

3．×（理由：キャッシュ・フロー計算書の株主総会への報告は義務付けられていない。）

4．×（理由：剰余金の配当に規制を加えているのは会社法である。）

解答2

○×

総合

問題 3

開示制度等

1. 制度会計の種類は？（　　　　　　）（　　　　　　　　　　）
2. 会社法会計で重視される会計の機能は？（　　　　　　）
3. 会社法会計で保護される利害関係者は？（　　　　　　）
4. 債権者保護のために設けられている規制は？（　　　　　）
5. 金融商品取引法会計で保護される利害関係者は？（　　　　　　）
6. 金融商品取引法会計で重視される会計の機能は？（　　　　　　）
7. 債権者が関心を有する企業の財務内容は？（　　　　　）
8. 投資者が関心を有する企業の財務内容は？（　　　　）

9. 会社法会計における計算書類は？①（　　　　　　　）②（　　　　　　　　）
　③（　　　　　　　）④（　　　　　　　）
10. 金融商品取引法会計における財務諸表は？
　①（　　　　　　　）②（　　　　　　　）③（　　　　　　　）
　④（　　　　　　　）⑤（　　　　　　　）

☆☆

問題 4

開示制度等

1. 企業を取り巻く利害関係者には、①投資者、②債権者、③従業員、④地域住民等が存在する。会社法会計と金融商品取引法会計で重点が置かれると考えられる利害関係者を上記の番号で1つずつ示しなさい。

　会社法会計（　　　）金融商品取引法会計（　　　）

2.

(1)規制対象となる会社が多いのは、①会社法会計と②金融商品取引法会計のいずれか。番号で答えなさい。

(2)情報の開示がより詳細なのは、①会社法会計と②金融商品取引法会計のいずれか。番号で答えなさい。

　(1)（　　　）(2)（　　　）

3. 会社法会計と金融商品取引法会計との結び付きが強い財務会計の機能をそれぞれ指摘しなさい。

　会社法会計（　　　　　　　）金融商品取引法会計（　　　　　　　）

☆☆

1．制度会計の種類は？（会社法会計）（金融商品取引法会計）
2．会社法会計で重視される会計の機能は？（利害調整機能）
3．会社法会計で保護される利害関係者は？（債権者）
4．債権者保護のために設けられている規制は？（分配規制）

5．金融商品取引法会計で保護される利害関係者は？（投資者）
6．金融商品取引法会計で重視される会計の機能は？（情報提供機能）
7．債権者が関心を有する企業の財務内容は？（支払能力）
8．投資者が関心を有する企業の財務内容は？（収益力）

9．会社法会計における計算書類は？①（貸借対照表）　②（損益計算書）
　③（株主資本等変動計算書）　④（個別注記表）
10．金融商品取引法会計における財務諸表は？
　①（貸借対照表）　②（損益計算書）　③（株主資本等変動計算書）
　④（キャッシュ・フロー計算書）　⑤（附属明細表）

解答3

1．会社法会計（　②　）、金融商品取引法会計（　①　）
2．(1)（　①　）　(2)（　②　）
3．会社法会計（利害調整機能）、金融商品取引法会計（情報提供機能）

解答4

【会社法会計と金融商品取引法会計】

	会社法会計	金融商品取引法会計
制度の目的	株主と債権者の間の利害調整	投資者の保護
規制対象	すべての会社	上場会社等
表示基準	会社計算規則等	財務諸表等規則
財務諸表・計算書類等の体系	<計算書類等> 貸借対照表 損益計算書 株主資本等変動計算書 個別注記表 事業報告 附属明細書	<財務諸表> 貸借対照表 損益計算書 株主資本等変動計算書 キャッシュ・フロー計算書 附属明細表

索 引

2024年度版　ネットスクール出版
税理士試験教材のラインナップ

● **税理士試験に合格するためのメイン教材**

税理士試験教科書・問題集・理論集

ネットスクール税理士 WEB 講座の講師陣が自ら「確実に合格できる教材づくり」をコンセプトに執筆・監修した教材です。

税理士試験の合格に必要な内容を効率よく、かつ、挫折しないように工夫した『教科書』、計算力を身に付ける『問題集』、理論問題対策の『理論集』から構成されており、どの科目の教材も、豊富な図解と受験生がつまずきやすいポイントを押さえた、ネットスクール税理士 WEB 講座でも使用している教材です。

簿記論・財務諸表論の教材

税理士試験教科書	簿記論・財務諸表論Ⅰ	基礎導入編【2024年度版】	3,630円（税込）	好評発売中
税理士試験問題集	簿記論・財務諸表論Ⅰ	基礎導入編【2024年度版】	3,080円（税込）	好評発売中
税理士試験教科書	簿記論・財務諸表論Ⅱ	基礎完成編【2024年度版】	3,630円（税込）	好評発売中
税理士試験問題集	簿記論・財務諸表論Ⅱ	基礎完成編【2024年度版】	3,080円（税込）	好評発売中
税理士試験教科書	簿記論・財務諸表論Ⅲ	応用編【2024年度版】	2023 年11月発売	
税理士試験問題集	簿記論・財務諸表論Ⅲ	応用編【2024年度版】	2023 年11月発売	
税理士試験教科書	財務諸表論	理論編【2024年度版】	2023 年12月発売	

☆簿記論・財務諸表論の方はこちらもオススメ！☆

穂坂式 つながる会計理論

税理士 財務諸表論 穂坂式 つながる会計理論【第2版】	2,640円（税込）	好評発売中

過去問ヨコ解き問題集

税理士試験過去問ヨコ解き問題集 簿記論【第3版】	3,740 円（税込）	好評発売中
税理士試験過去問ヨコ解き問題集 財務諸表論【第5版】	3,740円（税込）	好評発売中

● **試験前の総仕上げには必須のアイテム！**

ラストスパート模試　毎年5～6月ごろ発売予定

試験直前期は、出題予想に基づいた『ラストスパート模試』で総仕上げ！
全3回分の本試験さながらの模擬試験を収載。
分かりやすい解説とともに直前期の得点力 UP をサポートします。
※ 画像や内容は 2023 年度版をベースにしたものです。変更となる場合もございます。

● 税理士試験の学習を本格的に始める前に…

知識ゼロでも大丈夫！ 税理士試験のための簿記入門
税理士試験向けの独自の内容で簿記の基本が学習できる1冊です。
本書を読むことで、税理士試験の簿記論に直結した基礎学習が可能なので、簿記の学習経験が無い方や基礎が不安な方にオススメです。
2,640円（税込）好評発売中！

法人税法の教材

税理士試験教科書・問題集　法人税法I　基礎導入編【2024年度版】	3,080円（税込）	好評発売中
税理士試験教科書　法人税法II　基礎完成編【2024年度版】	3,630円（税込）	好評発売中
税理士試験問題集　法人税法II　基礎完成編【2024年度版】	2,970円（税込）	好評発売中
税理士試験教科書　法人税法III　応用編【2024年度版】	2023年12月発売	
税理士試験問題集　法人税法III　応用編【2024年度版】	2023年12月発売	
税理士試験理論集　法人税法【2024年度版】	1,980円（税込）	好評発売中

相続税法の教材

税理士試験教科書・問題集　相続税法I　基礎導入編【2024年度版】	3,080円（税込）	好評発売中
税理士試験教科書　相続税法II　基礎完成編【2024年度版】	3,630円（税込）	好評発売中
税理士試験問題集　相続税法II　基礎完成編【2024年度版】	2,970円（税込）	好評発売中
税理士試験教科書　相続税法III　応用編【2024年度版】	2023年12月発売	
税理士試験問題集　相続税法III　応用編【2024年度版】	2023年12月発売	
税理士試験理論集　相続税法【2024年度版】	1,980円（税込）	好評発売中

消費税法の教材

税理士試験教科書・問題集　消費税法I　基礎導入編【2024年度版】	3,080円（税込）	好評発売中
税理士試験教科書　消費税法II　基礎完成編【2024年度版】	3,630円（税込）	好評発売中
税理士試験問題集　消費税法II　基礎完成編【2024年度版】	2,970円（税込）	好評発売中
税理士試験教科書　消費税法III　応用編【2024年度版】	2023年12月発売	
税理士試験問題集　消費税法III　応用編【2024年度版】	2023年12月発売	
税理士試験理論集　消費税法【2024年度版】	1,980円（税込）	好評発売中

国税徴収法の教材

税理士試験教科書　国税徴収法【2024年度版】	4,400円（税込）	好評発売中
税理士試験理論集　国税徴収法【2024年度版】	1,980円（税込）	好評発売中

書籍のお求めは全国の書店・インターネット書店、またはネットスクールWEB-SHOPをご利用ください。

ネットスクール WEB-SHOP

https://www.net-school.jp/

ネットスクール WEB-SHOP　検索

※ 書名・価格・発行年月は変更する場合もございますので、予めご了承ください。（2023年9月現在）

日商簿記1級

簿記検定の最高峰、日商簿記1級の WEB 講座では、実務的な話も織り交ぜながら、誰もが納得できるよう分かりやすく講義を進めていきます。

また、WEB 講座であれば、自宅にいながら受講できる上、受講期間内であれば何度でも繰り返し納得いくまで受講できるため、範囲が広くて1つひとつの内容が高度な日商簿記1級の学習を無理なく進めることが可能です。

ネットスクールと一緒に、日商簿記1級に挑戦してみませんか？

標準コース　学習期間（約1年）

じっくり学習したい方向けのコースです。初学者の方や、実務経験のない方でも、わかり易く取引をイメージして学習していきます。お仕事が忙しくても1級にチャレンジされる方向きです。

速修コース　学習期間（約6カ月）

短期間で集中して1級合格を目指すコースです。比較的残業が少ない等、一定の時間が取れる方向きです。また、税理士試験の受験資格が必要な方にもオススメのコースです。

※1級標準・速修コースをお申し込みいただくと、特典として**2級インプット講義が本試験の前日まで学習いただけます。**
　2級の内容に少し不安が…という場合でも安心してご受講いただけます。

日商簿記1級WEB講座で採用『反転学習』とは？

【従　　来】

簿記の授業でも、これまでは上記のように問題演習を授業後の各自の復習に委ねられ、学習到達度の大きな差が生まれる原因を作っていました。そこで、ネットスクールの日商簿記対策 WEB 講座では、このスタイルを見直し、反転学習スタイルで講義を進めています。

【反 転 学 習】

各自、オンデマンド講義でまずは必要な知識のインプットを行っていただき、その後のライブ講義で、インプットの復習とともに具体的な問題演習を行っていきます。ライブ講義とオンデマンド講義、それぞれの良い点を組み合わせた「反転学習」のスタイルを採用することにより、学習時間を有効活用しながら、早い段階で本試験レベルの問題にも対応できる実力が身につきます。

本書の発行後に公表された法令等及び試験制度の改正情報、並びに判明した誤りに関する訂正情報については、弊社WEBサイト内の『読者の方へ』にてご案内しておりますので、ご確認下さい。

https://www.net-school.co.jp/

なお、万が一、誤りではないかと思われる箇所のうち、弊社WEBサイトにて掲載がないものにつきましては、**書名（ＩＳＢＮコード）と誤りと思われる内容**のほか、お客様の**お名前及び郵送の場合はご返送先の郵便番号とご住所**を明記の上、弊社まで**郵送またはe‐mail**にてお問い合わせ下さい。

＜郵送先＞ 〒101‐0054
　　　　　東京都千代田区神田錦町3‐23メットライフ神田錦町ビル3階
　　　　　ネットスクール株式会社　正誤問い合わせ係
＜e‐mail＞ seisaku@net-school.co.jp

※正誤に関するもの以外のご質問、本書に関係のないご質問にはお答えできません。
※**お電話によるお問い合わせはお受けできません。**ご了承下さい。

税理士　財務諸表論　穂坂式つながる会計理論【第2版】

2017年7月28日　初　版　第1刷
2021年9月16日　第2版　第1刷
2023年9月13日　第2版　第3刷

　　著　　　　者　穂坂治宏

　　発　行　者　桑原知之

　　発　行　所　ネットスクール株式会社　出版本部

　　　　　　　　〒101‐0054　東京都千代田区神田錦町3‐23
　　　　　　　　電　話　03 (6823) 6458 (営業)
　　　　　　　　ＦＡＸ　03 (3294) 9595
　　　　　　　　https://www.net-school.co.jp

　　制作スタッフ　熊取谷貴志
　　表紙デザイン　石川祐子
　　ＤＴＰ制作　中嶋典子　石川祐子
　　編　　　　集　吉川史織
　　印刷・製本　倉敷印刷株式会社

©Haruhiro Hosaka　2023　　Printed in Japan　　ISBN　978-4-7810-3744-8

落丁・乱丁本はお取り替えいたします。